Klaus Mertes
Johannes Siebner

Schule ist für Schüler da

Klaus Mertes
Johannes Siebner

Schule ist für Schüler da

Warum Eltern keine Kunden und
Lehrer keine Eltern sind

FREIBURG · BASEL · WIEN

© Verlag Herder GmbH, Freiburg im Breisgau 2010
Alle Rechte vorbehalten
www.herder.de

Satz: Barbara Herrmann, Freiburg
Herstellung: fgb · freiburger graphische betriebe
www.fgb.de

Gedruckt auf umweltfreundlichem, chlorfrei gebleichtem Papier
Printed in Germany

ISBN 978-3-451-30357-9

Inhalt

Vorwort	7
Einleitung: Kontrolle ist gut, Vertrauen ist besser	9
1 Alleskönner Schule – kann Schule alles?	13
2 Schulstruktur und Schulerfolg	33
3 Schüler, Lehrer, Eltern – im „magischen Dreieck"	38
4 Vertrauen! Eine Alternative gibt es nicht	49
5 Alles muss raus, aber nicht immer öffentlich	54
6 Machtmissbrauch in der Erziehung	63
7 Ohne Freiheit keine Zivilisation	74
8 Mobbing – die alltägliche Gewalt	86
9 Sucht – die großen Verführer	96
10 Lehrer – eine öffentliche Person	100
11 Lehrer – nie sind sie gut genug	106
12 Freie Schulträger und Zivilgesellschaft	114
13 Schule braucht Mitstreiter	120
14 Warum Jesuiten Schule machen	132
15 Ignatianische Pädagogik	136
Anmerkungen	155
Literatur	160

Vorwort

Dank gebührt denen, die uns zu diesem Buch gedrängt und ermutigt haben und in besonderer Weise Dr. Rudolf Walter vom Verlag Herder. Er meinte zuversichtlich, dass sich aus dem, was sich in den vergangenen Jahren angesammelt hat – an Vorträgen, Artikeln und Interviews –, und aus der konkreten Erfahrung von „Schulmachern" doch eine kleine Gesamtdarstellung probieren ließe: Wie Jesuiten Schule machen. Er hielt an der Idee fest, auch als uns die Puste ausging, und er ermutigte uns – „gerade jetzt" – zu diesem Buch.

Besonderer Dank gilt Frau Dr. Birgitta Mogge-Stubbe, die ebenso sorgfältig wie liebevoll die Textarbeit besorgte. Ihr geduldiges Zuhören, ihr Überblick in den ungezählten Notizen und Entwürfen und schließlich ihre mühevolle Recherche im Detail haben dieses Buch überhaupt nur möglich gemacht. Nicht zuletzt hat sie aus dem Fundus ihrer Fachkenntnisse einiges zu unserem Text beigesteuert, was die Erfahrungen von uns Praktikern mit Erkenntnissen aus der aktuellen Bildungsforschung und Entwicklungen in der Bildungspolitik verbindet. Erfahrungen von Praktikern und öffentlicher Diskurs lassen sich also durchaus auch verbinden. Frau Mogge-Stubbe war es auch, die uns beide immer wieder zusammengeführt hat; und so verdanken wir ihr auch ein schönes mitbrüderliches Erlebnis gemeinsamer Kreativität.

Geplant war das Buch bereits für 2009 – wir haben es aber letztes Jahr einfach nicht geschafft. Als dann Ende Januar 2010 der Skandal des Machtmissbrauchs und sexualisierter Gewalt gerade auch an von Jesuiten geführten Kollegien offenbar wurde, war das Buchprojekt – so musste es sich darstellen – „gestorben". Zum einen gehörte alle Aufmerksamkeit und alle Kraft den Opfern von Gewalt an unseren Schulen, der Aufklärungsarbeit, der Trauer, der Medienarbeit, der Konzeption von Präventionsmodellen und vielem anderen mehr. Zudem konnte dies wohl kein guter Zeitpunkt sein, dass ausgerechnet wir jetzt Schule „erklären".

Und doch ist es vielleicht ein guter Zeitpunkt, „gerade jetzt" öffentlich Rechenschaft zu geben von dem, was wir über Bildung und Erziehung denken, wofür wir in unseren Schulen (wenn auch sicher unvollkommen) eintreten und welchen Schatz die Tradition der ignatianischen Pädagogik seit mehr als 400 Jahren bereithält.

Wir danken schließlich unseren „Lehrmeistern", den Schülerinnen und Schülern, den Kolleginnen und Kollegen und den Mitbrüdern, die uns Vertrauen entgegenbringen und die uns immer wieder konfrontieren.

Klaus Mertes SJ, Berlin – Johannes Siebner SJ, St. Blasien
31. Juli 2010, Fest des Hl. Ignatius von Loyola

Einleitung:
Kontrolle ist gut, Vertrauen ist besser

Wäre es nicht ausgerechnet Lenin gewesen, der Kontrolle besser als Vertrauen fand, so würden sich heute vermutlich viele Menschen seiner Parole anschließen: Vertrauen ist gut, Kontrolle ist besser. In den letzten Jahren sind die Schulen vor dem Hintergrund einer Problemberichterstattung aus internationalen Vergleichsstudien und nationalen Untersuchungen in einen Reformstrudel hineingezogen worden, dessen Prämisse unter anderem die Verdachtslogik ist: Schule muss unter Druck gesetzt und kontrolliert werden, damit sie bessere Leistungen erbringt.

Dieses neue Credo der bildungspolitischen Stammtische geht einher mit einem lautstarken Lob der Disziplin. Nach behavioristischem Rezept sollen Anreizsysteme Schüler- und Lehrerverhalten so steuern, dass als Produkt schließlich die gewünschten Werteeinstellungen, Fertigkeiten und Verhaltensmuster herauskommen, die Deutschland braucht, um wettbewerbsfähig zu bleiben. Dazu bedarf es ständig begleitender, auf Effektivität bedachter Überwachungssysteme. Sie bürden der Schule zugleich einen immer größeren Berg an bürokratischen Aufgaben auf – ähnlich wie im Gesundheits- und Pflegesystem, wo fast jeder Handgriff begleitend dokumentiert werden muss.

Inzwischen haben Schüler, Lehrer und Eltern, meist ohne es zu merken, internalisiert, dass sie ein Problem haben, mehr noch: dass sie ein Problem sind. Zwischen Resignation und Angst schwankend fügen sie sich dem Druck, um bessere Ergebnisse zu erzielen und um endlich in die Positiv-Schlagzeilen zu kommen. Sie vertrauen sich selbst nicht und akzeptieren die Output-orientierte Kontrolle von oben, der sie mehr vertrauen als der eigenen Wahrnehmung und Vernunfttätigkeit. Mit Bildung hat das allerdings nichts mehr zu tun.

Bildung und Erziehung brauchen Vertrauen. Ohne Vertrauen geht gar nichts. Vertrauen besteht im Verzicht auf Kontrolle. Das bedeutet nicht, dass Kontrolle überflüssig ist. Richtig dosiert und platziert können Kontrolle und Vertrauen sogar ein erfolgreiches Bündnis eingehen. Keine Schule kommt ohne Leistungsüberprüfungen, disziplinarische und kontrollierende Maßnahmen aus. Aber diese bilden nur die äußere Schale um einen lebendigen, weichen Kern, in dem das eigentliche – bildende und erziehende – Geschehen zwischen Lehrern und Schülern und auch zwischen Eltern und Kindern stattfindet. Dieses entzieht sich der Kontrolle, je mehr die Kontrolle es berechnen und beherrschen will. Wenn die Gesellschaft der Schule und den Elternhäusern misstraut und meint, über Druck und Kontrolle die entscheidenden Bildungs- und Erziehungsprozesse selbst in die Hand nehmen zu müssen, dann zerstört sie das, was sie besser machen will.

Es ist atemberaubend zu beobachten, wie unkritisch die Öffentlichkeit zulässt und zustimmt, wenn zum Beispiel Skandalnachrichten aus Schulen oder Familien zum Anlass für Systemveränderungen genommen werden, in denen subsidiäre – also nah bei den Betroffenen angesiedelte – Verantwortungsbereiche und pädagogische Vertrauensräume aufgelöst werden zugunsten eines aus Staat, Bürokratie und Stiftungen aller Art zusammengesetzten „Big Brother", der es richten soll.

Als der internationale Pisa-Test Defizite im deutschen Bildungssystem erkannte und maß, begann das Bildung-Messen als bildungspolitischer Nationalsport. Es gibt inzwischen kein Medium mehr, das nicht Schulrankings veranstaltet, „spickmich.de"-Daten für die Schulevaluation herauspickt und wahlweise Eltern, Lehrer oder die Schulstruktur auf die Anklagebank setzt. Den bildungspolitischen Sekundärdiskurs begleitet eine Fülle von im Einzelnen vielleicht sinnvollen, insgesamt aber chaotischen Reformen, die immer mehr das Vertrauen in die Institution Schule zerstören und die Panik bei den Beteiligten, insbesondere bei den Eltern vermehren, die um die Bildungschancen ihrer Kinder bangen.

Weil es bildungsferne Elternhäuser gibt, weist die Gesellschaft den Schulen unter dem Motto „Eltern an die Schule" einen Bildungs- und Erziehungsauftrag gegenüber Elternhäusern zu. Auch dies ist ein Beispiel für die seltsame Kontraproduktivität von Problemmeldung und Problemverstärkung. Bildungsnahe Elternhäuser nehmen den Ruf ernst, werden – als verdeckte Sparmaßnahme – zu „ehrenamtlichen" Tätigkeiten in der Schule bis hin zu Vertretungsunterricht herangezogen. Manche Schule würde heute ohne die Unterstützung von ehrenamtlich tätigen Eltern gar nicht mehr ihren Pflichten nachkommen können. Doch das Problem bildungsferner Elternhäuser für die schulischen Karrieren ihrer Kinder ist damit kein Schrittchen weitergebracht.

Zugleich frisst Schule immer mehr Familienzeit auf statt denen, die es wollen und brauchen, ein Angebot offerieren zu können, das Berufstätigkeit und Familie über die Grundschule hinaus vereinbar machen würde. Wie auch, wenn die Mittel nicht da sind? Und wenn sich Schule dann auf den Weg der eigenen Mittel-Akquise begibt, steht sie vor einem Labyrinth aus Verordnungen und engmaschigen Kontrollverfahren, die Zeit für das Kerngeschäft aufbrauchen.

Kontrolle ist gut, Vertrauen ist besser. Wenn dem Prinzip Kontrolle im schulischen und bildungspolitischen Alltag faktisch mehr Vertrauen geschenkt wird als dem Vertrauen selbst, dann steht eine grundlegende Standortbestimmung an. In diesem Buch bekennen wir uns zu der These, dass Vertrauen die Grundlage einer guten Pädagogik und auch einer guten Schulpolitik ist. Von diesem archimedischen Punkt aus sollen einige wichtige Praxisfelder durchdacht werden. Vertrauen löst Druck auf und öffnet Freiräume, in denen es zu echter Bildung und wirklicher persönlicher Reifung, zu langfristiger und langzeitwirksamer Konfliktbearbeitung und zur Klärung der eigenen Lebensperspektiven kommen kann.

Doch ganz gleich, ob Gymnasium oder Sekundarschule, ob vierjährige Grund- oder zehnjährige Gemeinschaftsschule, ob Halbtags- oder Ganztagsunterricht: Es gibt Fragen, denen sich jede Schul- und Internatspädagogik stellen muss. Um diese geht es in diesem Buch. Schule und Internat haben einige Konstanten, die sich in jeder Struktur zeigen: die Definition der Lehrer-Schüler-Beziehung, die Chancen und Fallen innerhalb des „magischen Dreiecks" von Lehrern, Schülern und Eltern, die disziplinarischen Aufgaben, die Konzeption von Unterricht, die Formulierung des Bildungsbegriffs, Leitungsaufgaben, Zusammenarbeit mit Ehrenamtlichen, Öffnung für die Gesellschaft, Umgang mit existenziellen Krisen. Insofern hoffen wir, dass unsere Überlegungen und Überzeugungen auch für andere Schulformen anregend und relevant sind.

Ausdrücklich verweisen wir auf das Schlusskapitel dieses Buches über ignatianische Pädagogik. Es wurde nicht so sehr als Ergänzung angehängt, sondern stellt vielmehr die Grundlage unserer Arbeit dar – ist also eine Art geistlicher Notenschlüssel. Das Schlusskapitel gibt in aller Kürze Rechenschaft von der intellektuellen und spirituellen Tradition unseres Ordens, der Jesuiten, und von dem Denken und Vorgehen ungezählter Mitarbeiterinnen und Mitarbeiter im internationalen Netzwerk der ignatianisch geprägten Schulen.

1 Alleskönner Schule – kann Schule alles?

Schule, so die klassische Definition, ist ein Ort des Lehrens und Lernens. Schüler und Lehrer kommen zusammen, um zu lernen, wie Wissen erworben wird beziehungsweise um Wissen zu vermitteln. Schule sorgt auch dafür, dass Kinder und Jugendliche das in Jahrtausenden angesammelte Wissen nicht noch einmal selbst finden und die bisherigen Erfahrungen nicht alle noch einmal selbst machen müssen, sondern dass sie in für sie verträglicher und geordneter Weise aus der Tradition schöpfen können.

Grundlegend für das moderne Verständnis von Schule und schulrechtlich relevant ist indes auch, dass Schule eine Institution ist, das heißt eine Einrichtung mit einer bestimmten gesellschaftlichen Aufgabe, die sie kontinuierlich und dauerhaft zu erfüllen hat. Sie hat diesen Auftrag, weil weder die Gesellschaft insgesamt noch die Eltern allein das nötige Wissen vermitteln können.[1] Zu diesem Auftrag gehört selbstverständlich die Vermittlung von Grundfähigkeiten wie Lesen, Rechnen und Schreiben, von Wissensstoff, kulturellen Standards, sozialen Kompetenzen und gesellschaftlichen Grundwerten; dazu gehört auch, die Talente jedes Schülers ernst zu nehmen und zu fördern. All dies soll junge Menschen befähigen, sich später in der Arbeitswelt und im Gesellschaftssystem zurechtzufinden.[2]

Die elementaren Aspekte der Bildung, die im schulischen Unterricht fächerübergreifend erlernt werden (sollen), lassen sich gut mit dem Bild eines gleichseitigen Dreiecks verdeutlichen. Die drei gleichberechtigten Seiten stehen für Wissen, Denken und Kommunikationsfähigkeit. Wissen umfasst die Wissensinhalte, Denken beinhaltet die verschiedenen Strategien des Erkenntnisgewinns wie Problemlösen, Beschreiben, Erklären, Interpretieren, während unter Kommunikationsfähigkeit die Fähigkeit eines Menschen zu verstehen ist, seine Gedanken, Ideen, Thesen anderen transparent zu machen und sich umgekehrt in die Gedankenwelt anderer hineinzuversetzen. Darüber hinaus bleiben in der pädagogischen Fachsprache, die den Bildungsbegriff seit Mitte des 18. Jahrhunderts verwendet, Bedeutungen wie Schöpfung, Gestaltung, Verfeinerung, Bildnis wesentliche Konnotationen.

Letztlich muss das Ziel schulischer Bildung sein, dass jeder Jugendliche zu einer eigenen Erkenntnis und zu einem „reifen Urteil" – Ignatius von Loyola spricht von „sanum iudicium"[3] – gelangt. Er soll selber denken, nachdenken und abwägen können und dürfen, statt bloß die von der Schule gewünschten Lerninhalte zu übernehmen. In vielen Fällen werden die von der Schule gewünschten und die selbst gefundenen Erkenntnisse übereinstimmen. Wichtig aber ist, dass der Schüler den Weg dorthin selber frei gegangen ist.

Exkurs: Lehrer – Verführer zum Lernen

Kollegin S. unterrichtet Werken. Für ihre aktuelle Unterrichtsstunde hatte sie ausreichend Zeit eingeplant, um mit den Schülern darüber zu sprechen, welche Figuren sie als Nächstes modellieren wollen. Sie wünschte sich viele Ideen und Anregungen aus der Klasse und hoffte, dadurch auch die Motivation für das Modellieren von Figuren zu stärken. Wegen verschiedener Umstände kommt sie erst in den letzten fünf Minuten dazu, das Thema aufzugreifen. Weil die Zeit nicht reicht, wirklich ins Gespräch zu kommen und sich in der Gruppe auf ein Projekt zu einigen, zieht sie einen Modellfisch hervor und legt ihn auf den Tisch. Begeistert schauen die Schüler auf das prachtvolle Exemplar. Die einhellige Meinung: „So etwas machen wir!" Später, im Lehrerzimmer, bekennt Frau S. nachdenklich irritiert: „Ich habe die Kinder richtig verführt."

Lehrer stehen täglich neu vor der Aufgabe, ihre Lerngruppen zu motivieren. Die Faktoren, von denen sich Schüler motivieren lassen, sind so vielfältig und wechselnd, dass sie kaum steuerbar erscheinen. Lehrer müssen sich jedenfalls auf jene Motivationsmittel konzentrieren, die ihnen in der Schulsituation überhaupt verfügbar sind. Neben dem wichtigsten, aber auch am wenigsten steuerbaren Mittel, der eigenen Person, gibt es da vielerlei: über die Lernziele der Unterrichtsreihe sprechen oder aber sie verbergen, um eine spannende Rätselsituation entstehen zu lassen – in welcher der Lehrer allerdings wieder in der Position des allwissenden Inhabers des Lernzielmysteriums wäre; einen persönlichen Bezug der Schüler zum Thema herstellen (lassen); einen unerwarteten, überraschenden Einstieg in das Thema wagen; mit Medien arbeiten; widersprüchliche Thesen formulieren; mit Provokationen beginnen; auf die Fragen der Lerngruppe eingehen; an bereits bekannte Inhalte anknüpfen.

Wohl alle Lehrenden – es mag Ausnahmen geben – wünschen sich letztlich die „intrinsisch", von innen heraus motivierte Lerngruppe, also Schüler, die aus Interesse an der Sache lernen, und nicht, um dem Lehrer zu gefallen, um gute Noten zu kriegen, um karrierefähig zu werden. Doch der intrinsisch motivierte Schüler kann in der Schule nicht einfach vorausgesetzt werden. Vielmehr ist er selbst ein Ziel des Erziehungsprozesses. Also bleibt dem Lehrer nichts anderes übrig, als mit den vielfältigsten Mitteln wenigstens eine „extrinsische" Motivation herzustellen nach dem Motto: „Wenn ihr die Vokabeln gut lernt, dann schenke ich euch Bonbons." Im Klassenzimmer findet ein ewiges Spiel des Lockens und Werbens statt: mit ritualisierten Elementen, mit überraschenden Effekten, mit Teilerfolgen,

Niederlagen und Rückschlägen. Denn auch wenn einmal der Funke intrinsischer Motivation übergesprungen ist, bedeutet das nicht, dass für den Rest der Tage ein loderndes Feuer in den Herzen der Schüler brennt. Der Fisch hat die Lerngruppe jedenfalls für eine Unterrichtsstunde begeistert. Bis er nachmodelliert ist, sind noch vier, fünf Stunden zu schaffen, in denen die Lehrerin extrinsische Motivation nachschieben muss. Es bleibt keine Wahl: Unterrichten und Erziehen gehen nicht ohne extrinsische Motivation. Es bleibt ein Geschmack von Verführung in der Beziehung zwischen Lehrern und Schülern.

Damit steht aber das Geschehen im Unterricht unter Verdacht. Schüler verdächtigen Lehrer, dass sie „eigentlich" auf dieses oder jenes hinauswollen. Lehrer fürchten den Augenblick, an dem das, worauf sie hinauswollen, zu früh entdeckt werden könnte – denn dann ist „die Luft raus" und „der Prozess" entwertet. Die erwachsene Gesellschaft verdächtigt die Unterrichtsinhalte, weil sie auf den kleineren Horizont der Lerngruppe und auf die Methodik zugeschnitten sind.

Der Lehrerberuf ist unausweichlich mit einem Paradox konfrontiert, das ihn geradezu vor eine weltanschauliche Entscheidung stellt: Extrinsische Motivationsanreize gehören unverzichtbar zum pädagogischen Tagesgeschäft, aber sie allein können das Ziel der intrinsischen Motivation beim Schüler nicht bewirken. Je angestrengter die Motivationsversuche sind, um so weniger erreichen sie das eigentliche Ziel. Das gilt auch für die eigene Performance: Begeistern kann nur, wer begeistert ist. Wer aber nur begeistert ist, um zu begeistern, der begeistert nicht. So führt der Lehrerberuf in den Bereich des Über-Zwecklichen, des Nicht-Machbaren – der ja zugleich auch der eigentliche Ort für wirkliche Begegnung und lebensbedeutsame Erkenntnis ist.

Keine Garantie auf Erfolg

Der ehemalige Bundespräsident Horst Köhler hat sich in seiner ersten „Berliner Rede" (2006) ganz bewusst der eigentlichen Aufgabe von Schule zugewandt. „Gute Bildung", sagte er in der Kepler-Oberschule in Berlin-Neukölln, „stellt den ganzen Menschen in den Mittelpunkt. Diese Erkenntnis finden wir bei Humboldt und Kant, bei Goethe und Pestalozzi. Der Blick auf das Individuum – das muss auch heute unser Ausgangspunkt sein. Gute Bildung geht nicht in erster Linie von gesellschaftlichen Bedürfnissen oder den Anforderungen der Wirtschaft und des Arbeitsmarktes aus. Zuallererst hilft gute Bildung uns, das zu entwickeln, was in jedem Einzelnen von uns steckt; was uns von Gott gegeben ist."[4]

Eltern und Schüler müssen darauf vertrauen können, dass sich die Schule als Institution – konkret: Lehrerinnen und Lehrer als ihre Repräsentanten – diesen Auftrag zu eigen macht und erfüllt. Er hat allerdings auch klar beschriebene Grenzen. Schule kann weder Abschlüsse und Berufserfolg garantieren, noch kann sie alle vorhandene Ungleichheit sozialer oder begabungsmäßiger Art zwischen den Schülern auflösen beziehungsweise zum Verschwinden bringen. Zudem hat sie Grenzen der Privatsphäre von Familien zu respektieren. Schule kann die erzieherische Funktion von Elternhäusern unterstützen, sie vielleicht ergänzen, aber sicher nicht ersetzen. Die Einsicht in Grenzen der Institution Schule ist von großer Bedeutung für das Selbstverständnis einer Gesellschaft. Totalitäre Gesellschaften sind immer verschulte Gesellschaften.

Insofern gibt das jüngste Generationen-Barometer (2009) eine beunruhigende Auskunft: 51 Prozent der Bevölkerung insgesamt und 53 Prozent der Eltern von Schulkindern sind der Ansicht, dass die Schule nicht genug für die Erziehung tut, zumal es für Eltern immer schwieriger werde, ihre Kinder zu erziehen, und die elterliche Erziehungsarbeit zu wenig Anerkennung finde. Andererseits halten Schuleltern wie Gesamtbevölkerung den Einfluss von Lehrern auf Kinder und Jugendliche für äußerst gering. Medien und Freunde sind die stark prägenden Sozialisierungsinstanzen, noch vor den Eltern.[5]

Wann Schule Spaß macht

Die Erwartungen an Institutionen, die für Bildung „zuständig" sind, wachsen ins Unermessliche. Insbesondere Schule, so wird suggeriert, kann alles – sie muss nur wollen. Sie müsse nur auf die individuellen Fähigkeiten jedes Kindes eingehen, seine sozialen Kontexte berücksichtigen, seine Stärken entwickeln und den Unterricht zur reinen Lernlust machen. Dass Lernen auch Anstrengung bedeutet, dass Lernerfolg nicht zum Nulltarif zu haben ist, weisen Spaßschul-Propagandisten zurück. Sie akzeptieren nicht, dass – so Josef Kraus, der Präsident des Deutschen Lehrerverbandes, etwas salopp – „Lernen primär schon immer mit dem Hirn und sekundär mit dem ‚Sitzfleisch' zu tun hatte".[6] Im Gegenteil. Lieber setzen sie noch eins drauf und verlangen, dass Schule glücklich machen solle.[7] Das aber ist ein totalitäres Schulverständnis.

Nein, Schule muss nicht glücklich machen. Sie muss nicht einmal Spaß – oder Freude – machen, obwohl sie es natürlich oft tut, beispielsweise dann, wenn Anstrengung gelobt wird oder sich in einer guten Note auszahlt. Sie macht Freude, wenn ein schwieriges Experiment gelingt, wenn ein fremder Sachverhalt plötzlich zur eigenen Sache wird, wenn einen ein Gedicht berührt oder einfach, weil sie Schüler und Lehrer ständig dazu auf- und herausfordert, sich ihres Verstandes zu bedienen.[8] Schule kann auch Spaß machen, weil sie ein Ort ist, an dem Freundschaften wachsen, Begabungen entdeckt und gefördert, Hobbys gepflegt, Berufswege geebnet, Lebenschancen aufgezeigt werden. Aber dies alles sind Früchte einer guten funktionierenden Schule, die nicht erzwungen werden können.

Eine Folge von überhöhten Erwartungen der Gesellschaft an die Schule ist, dass der innere Druck bei Schülern, Eltern und Lehrern wächst. Es gibt heute Eltern, die eine Drei in einer Klassenarbeit oder auf dem Zeugnis ihres Kindes nicht als befriedigende Note ansehen, sondern als Katastrophe, ja, fast als persönliche Kränkung. „Wir haben eine Drei geschrieben", stellen sie betroffen fest und befürchten, dass die späteren beruflichen Chancen des Sohnes oder der Tochter gefährdet sind. Zugespitzt ausgedrückt: Spätestens seit die erste Pisa-Studie im Dezember 2001 veröffentlicht wurde, herrscht vielerorts im Zusammenhang mit Bildung diffuse Angst. Angst terrorisiert. Eltern werden angepredigt, ihre wichtigste Aufgabe sei, für die bestmögliche Ausbildung ihres Kindes zu sorgen, beginnend mit der richtigen Wahl des besten Kindergartens. Der höchste Schulabschluss ist da gerade recht. Der Erwerb des Abiturs wird zum Menschenrecht, das Hochschulstudium zur notwendigen Voraussetzung für eine ordentlich dotierte Karriere. Der Mensch, müsste Carl Zuckmayer („Der Hauptmann von Köpenick") heute konstatieren, der Mensch fängt erst beim Akademiker an.

Eine Zwei soll's mindestens sein

Selbstverständlich macht Schule keinen Spaß mehr, wenn sich plötzlich alles nur noch um Schule dreht, weil die Noten in den Keller gerutscht sind. Wenn ein Schüler auf seinem Halbjahreszeugnis zwei Fünfen und drei schwache Vieren hat, wächst die Versagensangst; das Gespenst Sitzenbleiben wirkt sehr lebendig und bedrohlich. Vielleicht gibt sich der Schüler zunächst noch lässig. Doch in der Regel werden andere dafür sorgen, dass er den Druck spürt. Denn jetzt geht alles um Ergebnisverbesserung, ums Durchkommen. Erste Konsequenzen („bis das mit der Schule ‚in Ordnung' ist"): Das Training beim Fußballverein wird eingeschränkt, das Zusammensein mit Freunden reduziert, die Pfingstfahrt nach Taizé gestrichen. Wenn jedoch Schule gut läuft (und also nicht so wichtig ist), dann kann der Schüler entscheiden, ob er seinen Ehrgeiz dahin entwickelt, aus einer „guten" Zensur eine „sehr gute" zu machen. Er ist auch frei, die Priorität beim Fußball oder Reiten, beim Instrumentalunterricht, dem Jazzdance, der Menschenrechtsgruppe oder der Gruppenstunde zu setzen.

Allerdings ist auch die Schule beziehungsweise deren Träger in der Pflicht, Schule so gut zu machen, dass sie nicht zu wichtig wird im Leben von Schülern und Eltern. Das gilt gerade auch bei steigenden Leistungsanforderungen, etwa durch die Verkürzung der Lernzeit bis zum Abitur und allgemein als Folge höherer Anforderungen des Arbeitsmarktes. Eltern reagieren empfindlich, wenn es um die Zukunftschancen ihres Kindes geht. Sie lassen sich dann auch leicht einreden, dass mindestens eine Zwei, wenn nicht eine Eins aufs Zeugnis muss, um im Kampf um einen Ausbildungs- oder Studienplatz erfolgreich zu sein. Doch elterliche Fürsorge oder Ehrgeiz allein erklären nicht den seit Jahren wachsenden Nachhilfe-Boom. Er lebt auch davon, dass sich anscheinend immer mehr Schulen nicht mehr zutrauen, ihren Bildungs- und Erziehungsauftrag selbstbewusst zu erfüllen. In der Tat stimmt etwas ganz grundsätzlich nicht, wenn Schule so schlecht läuft, dass ein milliardenschwerer Markt „Nebenschule" entsteht. Dass sich auf diesem Markt dann auch noch ungezählte Lehrer tummeln, macht die Sache geradezu grotesk. Kein Schüler passt im Unterricht gut auf, wenn er am Nachmittag seinen exklusiven Privatlehrer hat, der ihn fit macht für die nächste Klassenarbeit oder den nächsten Test.

Allein schon deshalb ist es angezeigt, dass die Schule auf Leistungseinbrüche bei ihren Schülerinnen und Schülern angemessen lernpädagogisch reagiert. In der Tat ist durch die Schulreform nicht nur der Druck auf die Hausaufgaben größer geworden, sondern auch der Druck auf die Eltern, ihren Kindern zu helfen. Bildungs- und einkommensstarke Elternhäuser können das leisten, andere nicht. Das führt zu neuen Gerechtigkeitsproblemen, denen man an vielen, auch an jesuitischen Schulen mit einem Lernförderprogramm zu begegnen versucht, das möglichst kostenfrei ist. Hier sind jedenfalls vonseiten des Staates und der kirchlichen und anderen Schulträger zusätzliche Investitionen nötig geworden.

Ein wichtiger Punkt bei solchen Programmen ist: Die Lehrer entscheiden, welcher Schüler gefördert wird – beziehungsweise wem das Angebot gemacht wird, denn die Teilnahme ist freiwillig –, nicht die Eltern. Und die Schule legt die Kriterien öffentlich fest, wann ein Förderbedarf besteht. Eltern, die ihr Kind von einer Zwei auf eine Eins bringen wollen, haben in diesem Programm keine Chance. Gleichwohl dürfen und können Eltern grundsätzlich darauf vertrauen, dass sich die Schule ihrer Kinder annimmt, wenn diese im Unterricht nicht mehr mitkommen. Dass manche Eltern enttäuscht reagieren, wenn ihre Förderwünsche nicht erfüllt werden, muss die Schule ertragen.

Etwas anders verhält es sich, wenn sich eine Schule grundsätzlich darauf einlässt, jedem Schüler und jeder Schülerin die Möglichkeit anzubieten, entsprechend den jeweiligen Bedürfnissen und Begabungen optimal gefördert zu werden. Also allgemein hochbegabte Kinder und Jugendliche ebenso wie solche mit besonderen Begabungen, mit Lernschwierigkeiten oder mit Verhaltensstörungen. Wie das gelingen kann, wird am Kolleg St. Blasien erprobt: Im Frühsommer 2008 hat dort das Zentrum für individuelle Begabungsförderung (ZiBf) seine Arbeit aufgenommen. Es versteht sich als Ort des Gesprächs und der Beratung über Begabungen, Lernen und Fördern. Dafür steht es allen Schülern, Pädagogen und interessierten Eltern offen.

Hintergrund dieses Konzepts ist, eine neue Qualität des grundlegenden Prinzips jesuitischer Erziehung, der „cura personalis", zu erreichen und so den Schülerinnen und Schülern und ihren Anlagen – jede und jeder trägt förderungswürdige Begabungen in sich – noch mehr gerecht zu werden. Damit wird zugleich ein Beitrag zur politischen Erziehung geleistet, denn das angstfreie und erfolgreiche Erleben von Heterogenität fördert Toleranz, Solidarität und Zivilcourage.

Obwohl es also angemessen ist, dass die Schule mit zusätzlichen Lernangeboten auf steigende Anforderungen reagiert, muss doch die Frage erlaubt sein: Ist Schule dann gut gemacht, wenn sie sich immer mehr in den Nachmittag ausbreitet und immer stärkeren Leistungsdruck aufbaut? Darf es sein, dass nur noch in Städten mit sehr guter Infrastruktur außerschulische Aktivitäten der Kinder und Jugendlichen zu realisieren sind?

Die Schüler rennen und keuchen von Montag bis Freitag im Hamsterrad und stürzen dann ins Wochenende. Und das muss es dann „bringen". Ein Event jagt das nächste, Konsum bis zum Kollaps. Schade, dass an eine Renaissance des Samstagsunterrichts politisch wohl nicht mehr zu denken ist. Viele Internatsschulen berichten von „G8-Flüchtlingen", die zu ihnen kommen, weil der Unterricht in Internatsschulen so organisiert ist, dass den Schülerinnen und Schülern noch Zeit und Kraft bleibt für die „wirklich wichtigen Dinge": für Theater, Musik, Hockey, Modellbau, freiwillige Feuerwehr ... Natürlich ist die Schule kein Schonraum – aber sie sollte doch auch ein Freiraum für Kinder und Jugendliche sein und bleiben, nicht zuletzt vor dem Leistungsdruck der Eltern.

Nationalsport „Bildung messen"

Die Anspruchshaltung, dass Schule vor allem gute Karrierechancen zu eröffnen hat, wird durch Wirtschaftsorganisationen und deren verwandte Institutionen wie die OECD (Organisation für wirtschaftliche Zusammenarbeit und Entwicklung), das Ifo Institut für Wirtschaftsforschung oder die Initiative Neue Soziale Marktwirtschaft immer höher getrieben. Sie erwarten von Schule ganz selbstverständlich, dass sie dem Arbeitsmarkt in möglichst kurzer Zeit möglichst viele gut ausgebildete junge Menschen zur Verfügung stellt. Das heißt, wichtig sind nicht Erziehung und Bildung, sondern Ausbildung. Gefragt wird nach jungen Menschen, die „fit for the job" sind.

Am eifrigsten dabei ist die OECD, die seit bald 20 Jahren beansprucht, auch Bildung zu vermessen und international zu vergleichen, „wie gut die jungen Menschen auf Herausforderungen der Wissensgesellschaft vorbereitet sind". Sie vergisst allerdings zu sagen, dass sie überhaupt nur den Teil des hochkomplexen schulischen Lern- und Bildungsgeschehens messen kann, der sich auf Tabellen, Prozente und Rangplätze reduzieren lässt. Das gilt für die Pisa-Studien wie für „Bildung auf einen Blick", dieses jährliche OECD-Zahlenwerk über die Entwicklung der Bildungssysteme der 30 größten Industrienationen, das viel über Quoten verrät, aber wenig über Qualität. Beispielsweise sagt die bloße Zahl der Abiturienten nichts aus über den Anspruch dieses Abschlusses und die Studierfähigkeit seiner Absolventen. Viel zu viel Gewicht haben Tabellen und Ränge etwa auch bei den Schulleistungsvergleichen TIMMS und IGLU, die der Internationale Verband für Bildungsforschung (IEA) durchführt.[9] Es sollte nachdenklich stimmen, dass erklärtes Ziel der jeweiligen Test-Autoren ist, öffentliche Institutionen über die Wirksamkeit von Lehrplänen und Unterrichtsmethoden zu informieren und Informationen zu liefern, was wie zu verbessern sei.

Dem dient auch der „Bildungsmonitor"[10] der Initiative Neue Soziale Marktwirtschaft (INSM). Eines der Ziele dieser arbeitgeberfinanzierten Organisation ist es, jenen „Ballast" zu identifizieren, der in der Bildungspolitik mehr Wettbewerb, mehr Effizienz und mehr Tempo verhindere, und dafür zu sorgen, dass er abgeworfen wird. Maßstab ist die Forderung der Arbeitgeber, dass das Schulsystem dazu beizutragen hat, die Rahmenbedingungen für wirtschaftliches Wachstum zu verbessern. Dementsprechend vergibt die INSM Noten anhand von „bildungsökonomisch relevanten Handlungsfeldern" und Kriterien wie Bildungsinvestitionen, Inputeffizienz (Einsatz von Sachmitteln und Personalressourcen), Schulabbrecherquoten, Schulabschlüssen, Ganztagsangeboten, Fremdsprachenunterricht, Nachwuchs in den MINT-Wissenschaften (Mathematik, Informatik, Naturwissenschaften, Technik).

Selbstverständlich muss die Schule nützliche, in Alltag und Beruf verwendbare Fertigkeiten vermitteln. Doch das ist nur ein Teil ihres Auftrags. Der andere – gleich gewichtige – lautet, die persönliche und kulturelle Identität der Schülerinnen und Schüler zu fördern. Bildung ist kein Synonym für Wirtschaftsnutzen. Das macht unter anderen auch Josef Kraus deutlich, wenn er als den zentralen Unterschied zwischen Wirtschaftspolitik und Bildungspolitik benennt, dass die Wirtschaft „alles, was sich nicht ‚rentiert', wegrationalisieren" kann, und hinzufügt: „In Fragen der Bildung und Erziehung ‚rentiert' sich sicherlich vieles nicht, wenn man etwa an sogenannte Erziehungsresistenz denkt. Aber es wäre inhuman, hier nach Rentabilitätsaspekten zu handeln."[11]

Im Übrigen gehört es zum Ethos des Lehrerberufs, dass Lehrer nur den Druck auf die Lerngruppe zulassen oder ausüben, den sie selbst pädagogisch verantworten. Es widerspricht der Würde des Lehrerberufs, nur als ausführendes Organ gesellschaftlicher Interessen oder gar des Marktes zu fungieren. Je mehr aber die bildungspolitische

Debatte in diese Richtung läuft, um so mehr zerstört sie den eigentlichen Sinn von Schule: eigenständiges Denken und Urteilen fördern. Junge Menschen sollen durch Bildung nicht besser und schneller, nicht anpassungsfähiger und in diesem Sinne lernfähiger werden, sondern freier. Frei von Anpassungsdruck, von Gruppendruck, von autoritärem Druck, von Launen und Moden. Das heißt: Bildung ist ein Befreiungsprozess hin zum Selbst-Denken. Der Lehrer hat nicht primär zum Ziel, dass die Schüler erkennen, was er vorsieht und (womöglich zu Recht) für richtig hält, sondern dass sie selbst erkennen und argumentieren.

Anders formuliert: Das Kind soll in der Schule lernen, selbst zu sprechen, statt sich von Autoritäten vertreten zu lassen. Dieses Ziel lässt sich nur realisieren, wenn die Schule in kleinen, sorgfältigen Schritten den Kindern und Jugendlichen hilft, „ich" zu sagen statt sich möglichst unsichtbar zu machen; sich zu wehren statt sich beschützen zu lassen; zu kämpfen statt zu fliehen; „nein" zu sagen statt mitzumachen; Verantwortung zu übernehmen. Vor der Schule muss deswegen auch das Elternhaus dort haltmachen, wo das Kind an der Reihe ist, selbst zu sprechen. Vielleicht könnte dieses Erziehungsziel zu einer grundlegenden Gemeinsamkeit zwischen Eltern und Schule werden: dass die Kinder beziehungsweise die Schüler immer mehr zu freien Menschen werden, die gelernt haben, sich zu artikulieren und in der Welt zu bewähren.

Kultur im Interesse des Erwerbs

Vor lauter Schreck, dass Deutschland beim ersten Pisa-Test im unteren Mittelfeld gelandet und noch immer nicht an der Spitze ist, scheint die Öffentlichkeit bislang nicht zu realisieren, dass die Studie nur einen kleinen Ausschnitt des schulischen Lernens und Alltags von 15-jährigen Jugendlichen erfasst. Pisa misst die Kompetenzen dieser Altersgruppe in gerade einmal drei Bereichen: Lesen, Mathematik, Naturwissenschaften. Mehr nicht. Ja, der Test gibt nicht einmal vor, „den Horizont moderner Allgemeinbildung zu vermessen", wie die Autoren ausdrücklich betonen. Sie wollen nur die „Grundbildung" in den drei genannten Kernbereichen untersuchen, denn die entsprechenden Basiskompetenzen seien die Voraussetzung für eine persönlich und wirtschaftlich befriedigende Lebensführung.[12] Das ist – bei aller Berechtigung – denn doch eine sehr eingeschränkte Sichtweise.[13] Der Pisa-Test sagt nichts aus etwa über literarisches Wissen, sprachliches Ausdrucksvermögen, Fremdsprachen, Religion/Ethik, Geschichte, die musischen Fächer, Sport. Er sagt auch nichts aus über die Hinführung von Jugendlichen zu zivilgesellschaftlichem Verantwortungsbewusstsein. Außerdem – und das ist keine Beckmesserei – vergleicht Pisa oft Ungleiches. So unterscheiden sich die Schülerpopulationen der teilnehmenden Länder zum Teil erheblich in der Zahl der absolvierten Schuljahre, in der Einbeziehung von Schülern mit geringem Leistungsniveau oder Lernbehinderungen und im Anteil der Migranten. Kritisch zu sehen ist beispielsweise auch, dass die Test-Items größtenteils aus angelsächsischen Ländern kommen und deshalb nicht repräsentativ für die unterschiedlichen Wissenskulturen sind.[14]

Doch nicht zum ersten Mal dominieren messbare Leistung und ökonomische Verwertbarkeit den Bildungsbegriff. Friedrich Nietzsche etwa formulierte seine Bedenken 1872 in einer programmatischen Schrift „Über die Zukunft unseres Bildungssystems" (und wiederholte sie zwei Jahre später in den „Unzeitgemäßen Betrachtungen"). Bildung, beklagte er, die über Geld und Erwerb hinaus Ziele stecke und Zeit verbrauche, werde als „höherer Egoismus" abgetan. Verlangt werde „eine rasche Bildung, um schnell ein geldverdienendes

Wesen werden zu können". Sein Fazit: „Dem Menschen wird nur so viel Kultur gestattet, als im Interesse des Erwerbs ist."

Bilden für den Wirtschaftsnutzen: Gute Schulen bedienen diese Erwartungen insofern, als sie versuchen, möglichst guten Unterricht zu machen. Zugleich nutzen sie jedoch jede Möglichkeit, um die Schüler diesem Zugriff zu entziehen, indem sie Raum und Zeit geben für das Übernützliche. Das Ziel von Schule darf nicht sein, angepasste Jugendliche zu produzieren. Im Gegenteil. Die Schüler sollen am Unterrichtsstoff und im Dialog lernen, die eigene Vernunft zu entdecken und zu gebrauchen. Fragt man Lehrer, was vor allem sie ihren Schülern über Fach- und Allgemeinwissen hinaus vermitteln wollen, heißt es mit Nachdruck: kritisch sein, nichts – auch nicht von den Medien – ungeprüft übernehmen, mutig sein und Zivilcourage zeigen, höflich sein und soziales Engagement beweisen.

Zählen tut, was nützt

Seit Jahren bemängeln Wirtschaft und Politik, dass zu wenige junge Menschen technische oder naturwissenschaftliche Berufe anstreben. Sie tun das Richtige, wenn sie dem befürchteten Fachkräftemangel ein ganzes System von Anreizen entgegensetzen und „MINT-Botschafter" in die Schulen schicken. Sie müssen jedoch jede planwirtschaftliche Attitüde vermeiden. In einer freiheitlichen Demokratie können weder Politik noch Wirtschaft oder irgendeine Organisation den Schulen vorgeben, wie viele Absolventen sie zu einem bestimmten Beruf – etwa als Chemietechnologe oder Biotechniker oder Ingenieur – zu bringen haben. Bildungsforscher wie der Münchner Ökonomie-Professor Ludger Wößmann setzen falsche Maßstäbe, wenn sie den Erfolg von Schulen daran messen, wie gut sie ihre Schülerinnen und Schüler im Dienste der Volkswirtschaft ausbilden.

Selbstverständlich ist es wichtig, dass alle Kinder an eine hochwertige Schulbildung kommen; jeder Schüler sollte deutlich mehr gelernt haben als die elementaren Techniken im Umgang mit Gedrucktem, mit Zahlen und Tabellen. Das ist jedoch nicht deshalb wichtig, weil – wie Wößmann sagt – Kinder „unsere" wirtschaftliche Zukunft zu sichern haben. Nein, Kinder sind nicht „unsere" Zukunft, „unsere" Rentensicherung. Der Druck, dies sein zu müssen, ist für sie unerträglich, denn darin klingt immer mit, dass sie auch unsere Enttäuschung, unsere Desillusionierung, unsere geplatzte Hoffnung sein werden. Es wird viel zu viel auf die junge Generation projiziert. Kinder und Jugendliche sind um ihrer selbst willen zu fördern, zu fordern, zu erziehen, zu lieben.

Eine selbstkritische Bemerkung in die Kirchen hinein sei hier erlaubt und ist geboten. Es vergeht kaum eine Firmung oder Konfirmation, bei der die Jugendlichen nicht als die „Zukunft der Kirche" angesprochen, ja, fast angefleht werden. Das zugerufene „Ihr seid die Zukunft der Kirche" mag gut und ehrlich gemeint sein. Aber soll es auch sagen: Wir erfragen und gewichten eure Meinung? Wir richten uns nach euch? Wir ordnen uns unter? Nein, in der Regel ist das nicht so. Allzu oft klingt es nach: Lauft bitte nicht weg, bleibt bei der Stange. Wenn das Firm- oder Konfirmationsalter vielfach heruntergesetzt wird, dann liegt dies wohl nicht daran, dass man die Mädchen und Jungen immer früher im „unterscheidungsfähigen Alter" wähnt. Es liegt wohl eher in der Sorge begründet, die Jugendlichen noch zu „erwischen", bevor sie weg sind. Auch hier gilt, dass Enttäuschungen Erwachsener (beispielsweise über Werteverlust, Entchristlichung der Gesellschaft) unzulässig auf Kinder und Jugendliche projiziert werden.

Noch einmal: Die junge Generation ist nicht zu unserer Zukunftssicherung da. Schon allein, um diesen Zugriff der Ökonomen auf sie abzuwehren, ist es nötig, dass sich Schule beziehungsweise Lehrer selbst als Institution begreifen und durch ihr Verhalten Eltern und Schülern klar machen, dass Schule eine amtliche Einrichtung ist, die nicht allen Erwartungen gerecht werden kann. Sie kann Kinder nicht begabter machen oder anders „begaben", als sie sind; sie kann weder Fleiß noch soziales Verhalten erzwingen und nicht jedes Sorgenkind integrieren. Es ist schlicht utopisch und auch falsch, von Schule zu erwarten, dass sie alle sozialen und intellektuellen Unterschiede wegerziehen könne. Nicht zuletzt widerspricht es ihrem Bildungsauftrag, ihr Fächerangebot darauf zu fokussieren, dass es Berufskarrieren ermöglicht. Vergleich und Wettbewerb sind wichtig, sozialer Ausgleich und individuelle Förderung geboten. Aber Schule ist weit mehr als das. Vor allem: Sie ist für Schüler da.

„Gehst Du gerne zur Schule?", hatte das Magazin „Focus-Schule"[15] im Sommer 2008 die Schülerinnen und Schüler von weiterführenden Schulen mit mittlerem und höherem Bildungsabschluss in ganz Deutschland gefragt. Mehr als 800 Schülerfragebögen kamen zurück. Das Ergebnis: Fast 76 Prozent der jungen Leute antworteten mit „ja" oder „eher ja", nur sieben Prozent mit „nein", knapp 17 Prozent sagten „eher nein". Auch die mehr als 3000 befragten Eltern gaben der Schule ihres Kindes durchweg gute Zensuren. Auf der üblichen Notenskala von eins bis sechs erhielt das Schulklima im Durchschnitt eine 2,4 und das Wohlfühlen des Kindes eine 2,2. Besser geht's kaum.

Gewiss, diese Zahlen halten strengsten demoskopischen Maßstäben nicht stand. Doch wohl nicht deshalb fand das positive Votum wenig öffentliche Aufmerksamkeit. Es versickerte wohl eher, weil es nicht den bekannten Klagegesang auf Schule, Lehrer, soziale Ungerechtigkeiten und fiesen Lernstress bediente. Dazu passt, dass aus der jüngsten repräsentativen Allensbach-Studie zu Schulpolitik und Lehrerbild nur der Teil öffentlich diskutiert wurde, der sich mit Bildungsföderalismus, Unterrichtsausfall und Klassengrößen befasst. Allenfalls nebenbei fand Erwähnung, dass beispielsweise auch nach Ansehen und Leistung der Lehrer gefragt worden war. Immerhin 63 Prozent der Bevölkerung sind der Ansicht, dass Lehrer viele Erziehungsfehler ausbügeln müssen, die im Elternhaus begangen wurden; allerdings sagen das nur 32 Prozent der Eltern über die Lehrer ihrer eigenen Kinder; insgesamt 54 Prozent der Gesellschaft halten den Lehrerberuf für sehr anstrengend; ein Drittel aller Befragten (aber deutlich weniger Schuleltern) ist überzeugt, dass Lehrer nicht die Anerkennung bekommen, die sie verdienen.[16]

Das resultiert nicht zuletzt daraus, dass der Lehrerberuf keine reale gesellschaftliche oder politische Macht darstellt. Die Karrieremöglichkeiten sind beschränkt. Um sich die wirklichen Statussymbole der Macht anzueignen, Geld und Öffentlichkeit, muss ein Lehrer aus seinem Beruf aussteigen. Die Welt des Lehrers ist die künstliche Vormittagswelt der Schule, sein Herrschaftsbereich ist das Klassenzimmer, seine Zuhörer sind selbst machtlose Menschen. Seine Macht über Kinder und Jugendliche wurde ihm von der Gesellschaft verliehen. Allerdings ist er, der lehrende Auftragsempfänger, zugleich Inhaber einer geheimnisvollen, für die Auftraggeber schwer einzuschätzenden Macht. Denn was und wie er unterrichtet, ist durch nichts – weder durch Unterrichtsbesuche noch durch Supervision, noch durch Team-Teaching – von außen völlig verfügbar zu machen. Das Klassenzimmer entzieht sich im Kern der Kontrolle der Öffentlichkeit. Gerade deswegen hört die Diskussion über das, was ein Lehrer zu tun und zu lassen hat, in den übergeordneten Gremien und im öffentlichen Diskurs niemals auf.

Ökonomisierter Bildungssprech

Wo Bildung messen zum Nationalsport wird, erhöht sich der Druck auf die Schulen. Gesellschaft und Politik verordnen immer neue Reformen und Reförmchen. Sie mögen im Einzelnen sinnvoll sein, schränken aber in der Summe die Räume für vertiefendes Lernen, für Beratung und Begleitung ein. Wie auch nicht? Der Unterricht bekommt zunehmend den Charakter von Testvorbereitung; der Umstieg auf das achtjährige Gymnasium verknappt die Lern- und Übungszeit in der Schule – was vor allem Kinder aus bildungsfernen Elternhäusern und langsamer lernende Kinder benachteiligt; die bürokratischen Anteile an der Lehrerarbeit wachsen explosiv.

Eine Folge der Überbetonung des Nützlichen, des Messbaren und des wirtschaftlich Verwertbaren im Bildungsgeschehen ist, dass der Mensch recht eigentlich nur als *Homo faber* zählt, als Macher; seine andere Dimension, das kreativ Spielerische, der *Homo ludens*, wird zurückgedrängt. Schon verändert ein ökonomisierter Bildungssprech die Grundatmosphäre in den Schulen. Es ist etwas anderes, wenn man von Bildungskunden statt von Schülern spricht, von Lernprozess-Managern statt von Lehrern. Schule verändert sich in ihrem Beziehungsgefüge grundlegend, wenn die „Professionalisierung" von Schulleitung gefordert wird, wenn es um interne „Leistungsvereinbarungen", leistungsorientierte Lehrerbezahlung und Schulrankings geht. Zudem erhöht die Ökonomisierung der Schule die Angst, im internationalen, nationalen oder auch schulinternen Wettbewerb abgehängt zu werden.

Bei vielen Eltern hat sich eine neue Schulangst breit gemacht. Nicht mehr die alte Angst vor den allmächtigen Lehrern treibt sie um, sondern die Angst davor, dass ihr Kind auf dem Arbeitsmarkt schlechtere Chancen hat, wenn in der 5. Klasse der Unterricht wegen Krankheit einer Lehrkraft ausfällt. Zugleich öffnet sich die Schere zwischen der

Anspannung bildungsinteressierter Elternhäuser und der Gleichgültigkeit bildungsferner Elternhäuser. Die Bereitschaft zur Desolidarisierung im Bildungssystem wächst, die Bildungslandschaft verändert sich in Richtung Bildungsmarkt.

Eine erhebliche Mitverantwortung für diese Entwicklung trägt die ständige Debatte über die Benachteiligung sozial schwächerer Schichten durch das deutsche Bildungssystem. Zwar ist der Zusammenhang zwischen Schulleistung und sozialer Herkunft ein altbekanntes Faktum (und trifft auf alle Länder zu), es wird aber seit der ersten Pisa-Studie zu *der* sozialen Frage hochstilisiert. Dieser Aspekt beherrscht denn auch die Berichterstattung der Medien über die nationale Bildungsstudie „Sprachliche Kompetenzen im Ländervergleich" (2010), obwohl er nicht im Fokus der Untersuchung steht.[17] Übrigens hat Pisa nicht das Einkommen der Eltern erfasst, sondern das Vorhandensein „kultureller Besitztümer", also insbesondere von Büchern. Natürlich können einkommensstarke Elternhäuser ihren Kindern mehr kulturelle Anregungen geben beziehungsweise „kaufen" als Eltern mit kleinem Geldbeutel. Natürlich haben Jugendliche einen Vorsprung, die über einen weiten geistigen Horizont und entsprechende Interessen verfügen. Doch Bildungsehrgeiz hängt nicht vom Einkommen ab, und der Zugang zu Kindergarten, Schule, Ausbildung und Studium steht grundsätzlich jedem offen. Man muss ihn nutzen.

Es ist falsch, bildungsfernen Familien ständig einzureden, dass die im Schnitt schwächeren Schulleistungen ihrer Kinder eine Folge des Systems sind, also nichts mit dem eigenen Willen zu Lernen und Leistung zu tun haben. Wer immer hört, dass er ja gar nicht erfolgreich sein kann, hat keinen Erfolg. Er wird seine Lernpotenziale nicht richtig nutzen, nie der Agent seiner eigenen (Bildungs-)Interessen sein. Schon deshalb muss man immer wieder darauf hinweisen, dass Bildung auch eine Holschuld ist.

2 Schulstruktur und Schulerfolg

Wie so oft, wenn Politik oder Gesellschaft ein Schul-Problem ausgemacht haben, werden neue Strukturen verlangt. In diesem Buch gehen wir jedoch nicht auf die aktuelle Schulstrukturdebatte ein. Das hängt damit zusammen, dass wir unsere eigenen Erfahrungen zugrunde legen, die wir konkret an Gymnasien gesammelt haben, und zwar an Gymnasien, die öffentlich gern – wenn auch nicht immer wohlwollend – als „Elite"-Schulen apostrophiert werden. Allerdings haben wir diese Zuordnung für Jesuitenschulen immer abgelehnt, gerade auch im Sinne eines Zulassungskriteriums an unseren Schulen. Ein Grund dafür ist, dass der Begriff „Elite" im deutschen Sprachraum sozial – im Sinne einer sozialen Oberschicht – besetzt und mit der Bedeutung von Exklusivität konnotiert ist, während Jesuitenschulen sich seit vier Jahrhunderten immer darum bemüht haben und auch heute bemühen, für alle sozialen Schichten zugänglich zu sein.[18]

Die Tatsache, dass die Jesuiten relativ teuer Schule betreiben (durch zahlreiche Profile beispielsweise im sprachlichen Bereich) und gleichzeitig nur so viel Schulgeld nehmen wie unbedingt notwendig, ist ganz wesentlich dem Faktum geschuldet, dass Ordensleute dies durch ihr Engagement und ihre Lebensweise (Armutsgelübde) ermöglichen. Allerdings gehört es bis zum heutigen Tag zum Stellenprofil von Rektoren und Schulleitern an Jesuitenschulen, für Stipendien und finanzielle Unterstützung des Schulbesuchs von Kindern und Jugendlichen zu betteln.

Die Zuschreibung des „Elitären" wird oft von außen an Schulen herangetragen. Die gegenwärtige Schulstrukturdebatte neigt dazu, sich diesen Zuschreibungen vorschnell anzuschließen. Damit werden Klischees produziert und verallgemeinert. Die Presse wird nicht müde zu erklären, dass in keinem anderen Industrieland „der Schulerfolg so abhängig von den sozialen Verhältnissen im Elternhaus" sei wie in Deutschland. Selbst wenn das zutrifft, bleibt doch die Frage: Liegt das (vor allem) an den Schulstrukturen? Mit Blick auf die Migration könnte man auch fragen: Kommt hier nicht ein politisch verursachtes Problem mit der entsprechenden Verspätung in den Schulen an? Anders gefragt: Lässt sich ein Gerechtigkeitsproblem in der Bildung tatsächlich durch eine Veränderung der Schulstrukturen lösen? Oder spiegeln sich dann nur dieselben sozialen Unterschiede in neuen Schulstrukturen wider? Sind gezielte Ergänzungen nicht sinnvoller und effektiver?

Eines ist sicher: Es ist eine Herausforderung an die pädagogische Arbeit, unterschiedlich begabte Schülerinnen und Schüler länger in einer einheitlichen Schule beziehungsweise lange Jahre in derselben Lerngruppe zu halten. Das ist auch aus der Perspektive ignatianischer Pädagogik eine reizvolle Aufgabe, denn es müsste ja nicht nur das Angebot der Lehrer und Lehrerinnen ausdifferenziert werden, sondern es würde sich auch das Aufgabenfeld der Schule ändern. Eine Gemeinschafts- oder Einheitsschule braucht nicht nur Fachlehrer, sondern mehr begleitende Hilfslehrer für förderbedürftige Schüler, etwa Sprachförderlehrer und Schulhelfer für Problemschüler, die mit dem Klassenlehrer kooperieren. Es gilt, den Unterricht innerhalb des Klassenzimmers zu differenzieren und wechselnde Lerngruppen unterschiedlich zu kombinieren. Unterstützende Lehrkräfte müssen mitwirken, dass die unterschiedlichen Niveaus durch Testverfahren festgestellt und die Tests selbst entsprechend differenziert werden. Schließlich gehört es zur Erfahrung mit Gemeinschaftsschulen, dass Schüler mit steigenden Jahrgangsstufen gerade in den Kernfächern in unterschiedliche Lerngruppen eingeteilt werden, während sie in anderen Fächern zusammenbleiben.

Fazit: Die Schulstrukturdebatte enthält Chancen, deren Verwirklichung – bei der Bereitschaft zu entsprechenden Investitionen – tatsächlich auch mithelfen kann, das Bildungssystem insgesamt noch solidarischer zu machen. Aber die Fixierung auf die Strukturfrage blockiert auch Anstrengungen, die im gegenwärtigen Schulsystem bereits möglich sind. Sie produziert eine Heilserwartung, die zwangsläufig zum Scheitern und damit einhergehender Enttäuschung verurteilt ist. Zudem verdunkelt sie den Blick für bereits Erreichtes. Gerade in Deutschland ist der Anteil von Abiturabschlüssen und damit der Erwerb der Hochschulzugangsberechtigung in den letzten Jahrzehnten erheblich gestiegen. Während in anderen Ländern der Zugang zu den gesellschaftlichen Eliten davon abhängt, an welcher Schule oder Hochschule man studiert hat – Eton, Oxford, Yale, École Normale Supérieure –, ist das Abitur in Deutschland als Leitinstitution für Bildung wie in kaum einem anderen Land großen Bevölkerungsteilen zugänglich. Es gibt keinen Grund dafür, dass Deutschland, was die Bildungsgerechtigkeit betrifft, im Vergleich zu anderen Ländern in Sack und Asche geht.

Den ganzen Tag Schule

Ein wichtiges Thema in der Strukturdebatte ist die Ganztagsschule. Doch die Euphorie, mit der die Diskussion um diese Schulform verbunden ist, sollte skeptisch stimmen. Bedenklich ist schon der Kontext, in dem sie hochgeschossen ist: der internationale Pisa-Vergleichstest, in dem die deutschen Schulen nur im Mittelfeld rangieren. Prompt wird eine Lösung, die Ganztagsschule, als Heilmittel präsentiert, die vergessen macht, dass es bei Pisa vor allem um die Kompetenzen 15-jähriger Schülerinnen und Schüler in Lesen, Mathematik und Naturwissenschaften geht, und nicht um die schwierige Situation etwa von alleinerziehenden Eltern.

Natürlich gibt es viele Gründe – vor allem sozialpolitischer Natur –, gut gemachte Ganztagsschulen zu unterstützen; und selbstverständlich sollte in den Regionen ein für alle Familien erreichbares Angebot bestehen. Aber ist die Ganztagsschule tatsächlich eine Antwort auf Pisa? Kann sie den Erwartungen, die jetzt genährt werden, überhaupt gerecht werden? Wird Unterricht dadurch besser, dass er stärker in den Nachmittag verlagert wird? Kritische Distanz ist schon deshalb angezeigt, weil der Bund zwar den Bau von Kantinen, Turnhallen, Bibliotheken und Musikräumen für 10.000 neue Ganztagsschulen fördert, aber die Länder und die Schulträger nicht wissen, wie sie qualifiziertes Personal finden und die zusätzlichen Personalkosten schultern sollen.

Schule ist – neben der Familie – für neun bis dreizehn Jahre die dominante Lebensrealität von Kindern und Jugendlichen. Da, wo die Familie überfordert ist, gewinnt der Ort Schule noch größere Bedeutung. Wo die Klavierstunde, das Fußballtraining und der Freundeskreis durch keinen gemeinsamen Lebensraum (Milieu) mehr verbunden sind, wo also Kinder von einer interessen- beziehungsweise leistungsorientierten (Sinn-)„Insel" zur nächsten hecheln, bekommt die Schule, als bei weitem größte dieser Inseln, eine immer größere Bedeutung. Nicht zuletzt ist die Schule oft die einzige Institution, die Kinder und Jugendliche verschiedenster Herkunft und unterschiedlichster Interessen, Weltanschauungen und Fähigkeiten über längere Zeit zusammenzuführen und womöglich zu prägen vermag.

In der Tat gilt es, die Chancen dieses besonderen Ortes Schule zu fördern und wohl teilweise überhaupt erst zu entdecken. Es ist jedoch ein Irrtum, dass sie allein schon durch Ausdehnung von Didaktik, Umfang und Inhalt schulischer Bildung bis weit in den Nachmittag hinein vom „Lern-Raum" zum „Lebensraum" wird.

Kinder und Jugendliche brauchen geschützte und integrierende Lebensräume. Sie sind darauf angewiesen, einem Lebensraum anzugehören, in dem sich die Zugehörigkeit nicht über Leistung, soziale Schicht oder Kultur definiert. Sie brauchen Räume in ihrem Leben, in denen sie gestaltendes Subjekt sind und nicht Objekt von (erwachsenen) Interessen. Sie brauchen Lebensräume, in denen sie Beziehungsfähigkeit erfahren und üben können. Sie brauchen schließlich auch Orte und Zeiten, in denen sie unter sich sind, nicht unter der Obhut von Lehrern, Erziehern, Eltern oder anderen Erwachsenen.

Der privilegierte Lebensraum von Kindern und Jugendlichen bleibt letztlich die Familie. Grundsätzlich kann die Schule sie nicht ersetzen. Dieser Grundsatz wird auch durch den richtigen Hinweis nicht falsch, dass Familien heute öfter zerbrechen und sich in Patchwork-Konstellationen immer wieder neu gruppieren. Auch die aktuelle Forschung bestätigt, dass vor allem die Familie entscheidend dafür ist, wieweit bei Kindern Kompetenzen wie Sprachfertigkeiten und Einstellungen wie Lernmotivation, Neugier, Interessen und Selbstwertgefühl ausgeprägt sind.

Wenn Bildung ihrem übernützlichen Anspruch gerecht wird, ist sie mehr als Ausbildung. Wer ein Ganztagsangebot für Schüler macht, hat eine besondere Verantwortung gerade für diesen übernützlichen, nicht verzweckten Ort von Kindern und Jugendlichen. Das heißt: Wenn Ganztagsschule, dann muss sie dem ganzen jungen Menschen dienen. Eine verlängerte Halbtagsschule mit Suppenausgabe, Hausaufgabenbetreuung und Wahrnehmung der Aufsichtspflicht beim Spielen ist noch kein Konzept für die Bildung und Ausbildung von Kindern und Jugendlichen in einer Ganztagsschule.

3 Schüler, Lehrer, Eltern – im „magischen Dreieck"

Lehrer, Schüler und Eltern sind Akteure in einem „magischen Dreieck". Magisch meint hier nicht Zauberei oder Blendwerk. Es geht auch nicht um die Beeinflussung von Menschen oder Ereignissen durch übernatürliche Kräfte oder durch Tricks. In dem komplexen Verhältnis von Lehrern, Schülern und Eltern werden auch keine Geister und Dämonen beschworen. Und doch nennen wir es „magisches Dreieck", weil die Wechselwirkungen dieser drei Akteure so vielfältig sind. Ihre Gesetzmäßigkeiten sind verborgen beziehungsweise erschließen sich nicht auf den ersten Blick. Sie stehen in Wechselwirkung miteinander und haben bei unterschiedlichen Rollen doch zugleich ein gemeinsames Ziel: Schule gut machen. Jeder Akteur in diesem Dreieck hat eine bestimmte Ausgangsposition. Die Rollen sind durch das institutionelle Selbstverständnis sowohl von Schule als auch von Familie definiert. Die Beziehungen in der Schule zwischen Lehrern, Eltern und Schülern sind dann stabil, wenn jeder Akteur seine Aufgabe kennt und angemessen wahrnimmt.

Laut Grundgesetz Artikel 6 ist die Erziehung der Kinder nicht nur das natürliche Recht der Eltern, sondern auch „die ihnen zuvörderst obliegende Pflicht. Über ihre Betätigung wacht die staatliche Gemeinschaft." Nicht die Schule. Es scheint allerdings, als sähe die breite Öffentlichkeit das anders. Wo immer sie ein Defizit feststellt, wann immer sie über Kinder und Jugendliche klagt – die Schule soll's richten. Bildungsexperten aus Politik und Wirtschaft haben denn auch gleich Patentrezepte zur Hand. Besonders gern ziehen sie aus der Schublade „Alles ist machbar" immer neue Fächer hervor. Das Spektrum reicht von Benimmunterricht über Freizeit-, Medien- und Konsumkunde sowie Umwelt-, Friedens- und Gesundheitslehre bis hin zu Wirtschaftsbürgerkunde und Schuldnerberatung. Sogar richtiges Händewaschen soll auf den Lehrplan, weil dadurch die Fehltage durch Infektionskrankheiten verringert würden und so mehr Unterrichtsstoff in die Schülerköpfe und mehr Schüler zum Abitur gelangen könnten. Josef Kraus warnt vor einem schulpolitischen Machbarkeitswahn.[19] Er gehe nicht nur zulasten von Fachunterricht und konkretem Faktenwissen, sondern bevormunde und entmündige auch die Familien.

Nein, Schule ist nicht omnipotent. Sie darf nicht einmal anstreben, es zu sein, weil sie damit ihre institutionellen Grenzen überschritte. Die Gesellschaft muss akzeptieren, dass Lehrer keine Big-Brother-Funktion haben; dass sie keine Freizeitbetreuer und auch nicht dafür da sind, etwa das außerschulische Verhalten von Schülern zu kontrollieren, Jugendhilfe zu leisten, Eltern zu kritisieren oder sie gar zu erziehen.

Lehrer sind keine Mit-Eltern. Sie haben nicht die Aufgabe, „Werte" zu vermitteln, die in der Familie angeblich oder tatsächlich nicht vermittelt werden. Die „Werte", die Schulen vermitteln sollen, vermitteln sie aufgrund ihres eigenen Erziehungsauftrags. Wenn Eltern ihren Kindern erlauben, zu Hause unflätig zu reden, auf den Boden zu spucken oder die Füße auf den Tisch zu legen, dann ist das ihre Sache. Das bedeutet jedoch nicht, dass schlechte Umgangsformen und Fehlverhalten auch in der Schule erlaubt sind. Ob Unpünktlichkeit, Spucken oder Mobbing – damit werden Regeln verletzt, die jeder Schüler kennt. Jeder weiß auch, dass Regelverletzungen in der Schule nicht folgenlos bleiben.

Schüler wissen das schon deshalb, weil ihnen vom ersten Schultag an gesagt, erklärt und vor allem vorgelebt wird, dass Schule zugleich lehrt und erzieht. Jede Lehrerin, jeder Lehrer erzieht in jeder Unterrichtsstunde, während jeder

Pausenaufsicht, bei jeder Begegnung im Schulhaus. Sie tun dies am wenigsten durch Worte, sondern vor allem durch das eigene Vorbild, indem sie auf Höflichkeit, Pünktlichkeit, Leistungsbereitschaft, Sozialverhalten und andere allgemeine „Tugenden" achten. Für alle erkennbar erzieht ein Lehrer, wenn er einen konkreten Fall aufgreift und deutlich macht, warum dieses oder jenes Verhalten nicht geht. Er kann gegebenenfalls auch die Eltern fragen, ob sie eine Erklärung dafür haben, warum ihr Kind Lehrern und Mitschülern dauernd dreinredet, warum es bei der leisesten Kritik oder Herausforderung ausflippt, warum es seinen Müll einfach fallen lässt, warum es sich in der Cafeteria rücksichtslos vordrängt. Allerdings kann er nicht verlangen, dass Eltern ihre Erziehungsvorstellungen ändern. Schule hat grundsätzlich keinen Anspruch darauf, irgendetwas mitbestimmen zu dürfen, was in den Elternhäusern geschieht. Probleme, die in der Schule auftreten, müssen in der Schule bearbeitet werden; Probleme, die im Elternhaus auftreten, sind eben dort zu lösen.

Schule und Eltern haben je ihre eigene Verantwortung. Wenn Schüler außerhalb des Unterrichts ein Cap tragen oder permanent Kaugummiblasen produzieren, geht das die Schule nichts an. Anders verhält es sich, wenn Schüler so etwas während des Unterrichts tun. Dabei muss in der Schule nicht alles über explizite, schriftlich festgehaltene Regeln benannt werden. Manche Lehrer tendieren dazu, erzieherische Aufgaben über ein allgemeines Regelwerk zu lösen: Ein neuer Passus in der Schul- oder Internatsordnung soll Caps und Kaugummi im Unterricht verbieten. Klare Regeln, klare Sanktionen. Die Folge: Die Verantwortung liegt dann nicht mehr beim konkreten Lehrer selbst und seinem Werturteil in der konkreten Situation, sondern an höherer Stelle.

Das hat einen hohen Preis. Jeder Beschluss der Gesamtlehrerkonferenz schwächt die Position des einzelnen Pädagogen. Ein Schulgesetz gegen Caps und Gums kommt einem Ausverkauf der pädagogischen Kompetenz des Lehrers gleich. Lehrer müssen solche Probleme untereinander klären und in den Klassen regeln können, ohne sich auf eine andere Instanz zu berufen. Falls der eine oder andere Lehrer Caps in Ordnung findet und in seinem Unterricht erlaubt, dann müssen die Kollegen ihn entweder davon überzeugen, dass ein gemeinsames Vorgehen sinnvoll ist, oder die Differenz aushalten. Auf keinen Fall dürfen Schüler in Meinungsverschiedenheiten zwischen Lehrern hineingezogen werden.

Mythos Gleichberechtigung

Trotz ihrer unterschiedlichen Rollen haben Elternhaus und Schule einen gemeinsamen Erziehungsauftrag. Sie sind Partner in der Erziehung von Kindern und Jugendlichen. Der Bonner Erziehungswissenschaftler Volker Ladenthin sieht diesen Unterschied darin begründet, dass es in der Schule „um die Lernbarkeit von Sittlichkeit" geht, während die „sittlichen Handlungen" in der Lebensgemeinschaft mit den Eltern stattfinden. „Wenn die Schule funktioniert, dann erarbeitet man in ihr Regeln sittlicher Urteilsfindung. Sie ergänzt dadurch die Elternarbeit. Wenn das Elternhaus funktioniert, dann lebt man in ihm Beispiele sittlicher Urteilsfindung. Es ergänzt dadurch die Schule."[20]

Anders formuliert: Schule und Elternhaus sollen und können nicht die Aufgaben des jeweils anderen übernehmen. Beide sind „Spezialisten" für das jeweilige Kind, aber mit unterschiedlichen Hintergründen. Eltern und Lehrer wirken auf die Entwicklung des Kindes ein, sie haben gemeinsam Verantwortung dafür, allerdings aus unterschiedlichen Rollen heraus. Zudem können sie nicht genau wissen, wie sich das Kind in der jeweils anderen Umgebung verhält. Wollen sie erfolgreich kooperieren, müssen sie die

Andersheit des anderen Partners respektieren – und aushalten, dass ihre Interessen im konkreten Fall weit auseinandergehen können. Das heißt: Die Forderung einer gleichberechtigten Partnerschaft von Elternhaus und Schule in der Erziehung der Kinder erweist sich als Mythos.

Von Natur aus haben Eltern ein besonderes Interesse am Gedeihen ihres eigenen Kindes. Das hat nichts mit Egoismus im moralischen Sinne zu tun. Kinder sind für ihre Eltern etwas Besonderes und sollen es sein – auch im Unterschied zu den Kindern anderer Eltern. Eltern sind für ihre eigenen Kinder zuständig, nicht für die Kinder anderer Eltern. Lehrer sind jedoch für alle Schüler gleich zuständig – unabhängig davon, welche Eltern zu welchen Kindern gehören. Das bedeutet, dass in der Schule seitens der Lehrer eine Gleichheit zwischen den Schülern vorausgesetzt wird und werden muss, die bei Eltern in Bezug auf ihre Kinder gerade nicht gegeben ist und nicht gegeben sein soll.

Damit ist nicht gemeint, dass sich Eltern nicht für das Allgemeinwohl der Lerngruppe oder der Schule und damit auch für die Interessen von Kindern anderer Eltern einsetzen können und sollen. Wenn eine Schule oder eine Klassengemeinschaft schlecht funktioniert, dann haben Eltern das Recht, sich um das Gemeinwohl der Klasse oder der Schule zu bemühen, weil dies im Ergebnis auch dem Gedeihen des eigenen Kindes dient. Die Schule muss diese Motivation für das Engagement von Eltern erkennen und anerkennen. Dagegen haben Lehrer aufgrund der Tatsache, dass ihr Auftrag ein gesellschaftlicher ist, immer das Ganze der Lerngruppe zu sehen. Diese Aufgabe kann nicht auf einen Auftrag reduziert werden, den eine zufällige Mehrheit von (engagierten) Eltern der Schule erteilt. Daraus folgt, dass sich Lehrerinnen und Lehrer im Fall der Fälle auch gegen die Vorstellungen von Eltern bezüglich der Schule und des pädagogischen Handelns in der Lerngruppe durchsetzen können müssen.

Noch einmal: Eltern haben ein Recht, sich in der Schule zu engagieren, informiert und in die Diskurse der Schule mit einbezogen zu werden – die Schulordnungen der Länder halten dies ausdrücklich fest.[21] „Öffnung der Schule" bedeutet beispielsweise, dass Eltern erfahren, was Lehrer unterrichten, welche Erziehungsziele sie haben und welche Lernfortschritte das eigene Kind macht. „Öffnung der Schule" heißt jedoch nicht, dass Eltern ein Recht darauf haben, sich in konkrete Klassensituationen einzumischen und bei der pädagogischen Behandlung der Probleme von Kindern anderer Eltern mitzureden. Über die Sitzordnung oder den Umgang mit Disziplinproblemen einer Klasse hat das Klassenkollegium zu entscheiden, nicht die Klassenelternversammlung.

Deswegen widerspricht es nach unserer Auffassung dem Verständnis von Schule als Institution, wenn – wie im Hamburger Schulgesetz[22] festgelegt – Eltern, Schüler und Lehrkräfte gleich viele stimmberechtigte Vertreter in die Schulkonferenz entsenden. Denn das heißt, dass Schüler und Eltern nicht nur etwa über Grundsätze der innerschulischen Qualitätsentwicklung, die Verwendung der Personal- und Sachmittel, die Form ihrer Anhörung vor der Festsetzung von Zeugnisnoten oder die Mitwirkung von Eltern im Unterricht mitentscheiden; nein, sie können gemeinsam Lehrer und Schulleiter überstimmen, also sich in der Schule gegen die Repräsentanten der Schule durchsetzen. Die Folge wird sein, dass Schulleiter und Lehrer wichtige oder heikle Fragen in inoffiziellen Besprechungen vorab klären. Also noch mehr Zeitaufwand für Konferenzen, und vor allem: eine Verheißung, die nicht erfüllt wird, denn je „gläserner" die Schule wird, umso informeller und verborgener verlaufen die eigentlichen Entscheidungsprozesse.

Eltern sind keine Hilfslehrer

Immer wieder bieten Eltern an, ehrenamtlich Unterricht zu vertreten, wenn ein Lehrer wegen Krankheit ausfällt oder eine Stelle aufgrund fehlender Bewerber nicht neu besetzt werden kann, oder wenn ein spezieller Kurs zu entfallen droht, weil die Personaldecke zu knapp ist. Solche Angebote sind gut gemeint. Wir lehnen sie trotzdem ab – ja, wir müssen sie ablehnen. Nicht, weil wir Eltern grundsätzlich die Kompetenz absprächen, erfolgreich Unterricht zu halten. Sondern weil sich in demselben Moment, in dem diese Eltern zu unterrichten beginnen, der Sozialstatus ihres Kindes in der Klasse verändert – es wird immer als Sohn oder Tochter von X gesehen. Schon deshalb muss als Grundprinzip gelten, dass Lehrer, wenn sie Kinder an der eigenen Schule haben, nie in Klassen oder Kursen unterrichten, in denen ihre Kinder sind.

Sobald Eltern unterrichten, sind sie Lehrer. Und das heißt, sie werden bezahlt und bekommen einen Vertrag als Angestellte. Sie sind dann nicht mehr Eltern, sondern Lehrer. Dieses dienstliche Verhältnis ist wichtig, denn ein Schulleiter muss an sie mit genau den gleichen Ansprüchen herantreten können, die er als Institution Schule gegenüber Lehrern geltend machen kann. Das heißt, er muss gegebenenfalls etwa Präsenzpflichten einklagen können und die korrekte Vergabe von Noten und Zeugnissen.

Es geht darum, dass die Schule einer klaren Rollenbeschreibung zu genügen hat. Sie kann kein ehrenamtliches Engagement in ihren Kernbereichen annehmen. Im Gegenteil. Von ihrem Selbstverständnis her muss sie an sich den Anspruch stellen, dass sie ihre bildenden und erzieherischen Aufgaben ohne Elternunterstützung bewältigen kann.

Damit widersprechen wir bewusst der Forderung, Eltern immer stärker in die Erziehungsarbeit der Schule einzubinden. In dieser Idee offenbart sich das alte, tiefe Misstrauen von Politik und Gesellschaft gegenüber Institutionen. Und wenn Schulen gar selbst nach den Eltern rufen oder eine gleichberechtigte Erziehungsgemeinschaft propagieren, zeigen sie damit nur ihr schwaches Selbstbewusstsein. Schüler spüren das und nutzen es aus.

Interessanterweise scheint den Partnerschafts-Propagandisten bisher nicht aufgefallen zu sein, dass sie – weil sie auch die Institution Familie als schwach definieren – zwei (angeblich) geschwächte Agenten zusammenbinden wollen. Sie sollten sich einmal fragen, wieso zwei Institutionen, die ihrer Ansicht nach nicht mehr funktionieren, wieder funktionieren sollen, wenn sie zusammengeführt werden.

Eltern sind keine Mit-Lehrer. Dieses Prinzip wird auch vonseiten der Lehrer immer wieder durchbrochen. Lehrer sprechen auf einem Elternabend problematische Themen an, mit denen klarzukommen in ihrer Zuständigkeit liegt. Das Ansprechen selbst kann in bestimmten Fällen sinnvoll sein – wobei für den Verlauf eines Elternabends oft entscheidend ist, ob ein Thema der Klasse von Eltern- oder von Lehrerseite angesprochen wird. Hier ist von Lehrern viel Fingerspitzengefühl verlangt. Eine Grenze wird allerdings überschritten, wenn es zu gemeinsamen Beschlüssen einer Klassenelternkonferenz kommt. Wie im Fall einer Klassenlehrerin, die Probleme damit hat, dass die Kinder auf den Stühlen wippen. Die Eltern – auch sie haben ein Interesse an der Gesundheit ihrer Kinder – haben gemeinsam mit der Lehrerin einen Beschluss gefasst, dass es eine Verwarnung geben soll, wenn ein Kind wippt. Am nächsten Morgen verkündet die Lehrerin ihrer Klasse: „Gestern Abend hat die Elternkonferenz beschlossen, dass …" . Mag sein, dass sie nun mehr Ruhe in die Klasse bekommt, zumal die Eltern daran interessiert sein werden, dass der gemeinsame Beschluss durchgesetzt wird. Und doch ist die Lehrerin aus ihrer Rolle gefallen, indem sie den Eltern ein Votum übertragen hat, das eigentlich sie wahrnehmen muss.

Es kann im Einzelfall geboten sein, dass die Schule die Eltern als Verbündete mit ins Boot holt, weil ein Problem, beispielsweise Drogenmissbrauch, so extrem geworden ist, dass sie im Rahmen ihrer Möglichkeiten nicht damit fertig wird. Die Initiative dafür liegt jedoch bei der Institution.

Regeln statt Machtkampf

Missverständnisse, Enttäuschungen und Kompetenzstreit zwischen Eltern und Lehrern kosten Zeit und Energie, die dann für andere Aufgaben fehlen und das Schulklima trüben. Schon deshalb ist es sinnvoll, Regeln für das wechselseitige Verhalten zwischen Eltern und Lehrern zu entwickeln.

1. Kinder und Jugendliche haben einen Anspruch auf Vertraulichkeit bei Eltern gegenüber der Schule und bei der Schule beziehungsweise den Lehrern gegenüber den Eltern. Ausnahmen sind begründungsbedürftig. Ein totaler Informations-Kurzschluss zwischen Schule und Elternhaus ist tendenziell totalitär. Kinder brauchen in der Familie einen schulfreien Raum und in der Schule einen familienfreien Raum.[23]

2. Schüler befinden sich gegenüber Lehrern strukturell in einem Machtgefälle. Dies gilt auch für Beziehungen zwischen Schülern und Lehrern, die von Vertrauen und Wohlwollen geprägt sind: Lehrer bleiben Lehrer. Das Gefälle wirkt sich wegen der engeren Eltern-Kind-Beziehung auch auf die Beziehung zwischen Elternhaus und Schule aus, in aller Regel während der gesamten Schulzeit. Denn weil auch Jugendliche, solange sie zur Schule gehen, emotional und ökonomisch mehr oder weniger noch „Kinder" ihrer Eltern sind, ist die Verbundenheit zwischen Elternhaus und Kind so stark, dass die Eltern mit ihren Kindern der Schule gegenüberstehen – auch unter dem Aspekt des

Machtgefälles: Eltern zittern mit ihren Kindern um deren Benotung, Eltern empören sich mit ihren Kindern wegen deren (vermeintlich oder tatsächlich) ungerechter Behandlung, Eltern ängstigen sich mit ihren Kindern in Konfliktsituationen mit Mitschülern.

3. Deswegen haben Eltern gegenüber der Schule den Anspruch, in ihrer Verletzlichkeit innerhalb des Beziehungsgefälles zwischen Lehrern und Schülern respektiert zu werden. Sie haben bei Beratung in der Schule einen Anspruch auf Vertraulichkeit – während umgekehrt die Lehrenden keinen Anspruch darauf haben, dass vertraulich behandelt wird, was sie in Gesprächen mit Eltern oder Kindern sagen. Wenn Lehrer über Schüler abwertend reden, werten sie auch deren Eltern ab; deshalb ist solches Reden eine Grenzüberschreitung seitens der Schule. Ungefragte Diskurse von Lehrenden über Erziehungsentscheidungen von Eltern stehen der Schule nicht zu. Doch umgekehrt dürfen Eltern die pädagogischen Diskurse einer Schule ungefragt kritisieren. In dieser einseitigen Verpflichtung der Lehrenden kommt die andere Seite des Machtgefälles zum Ausdruck: Wer in der strukturell überlegenen Position steht, darf mit denen, die ihm gegenüber strukturell unterlegen sind, nicht all das tun, was diese mit ihm tun dürfen.

4. Dies ist im Übrigen die strukturelle Ursache dafür, dass sich Lehrende oft der Kritik von Eltern ausgeliefert fühlen. Sie stehen unter Diskretionspflichten, denen die Eltern nicht unterliegen. Sie haben eine Verantwortung, die nicht nur das Kind der Eltern betrifft, die gerade bei ihnen sind, sondern gleichermaßen die Kinder anderer Eltern. Dies bleibt auch dann so, wenn sich in Elternschaften Mehrheiten bilden, die von Lehrenden bestimmte pädagogische Entscheidungen verlangen.

5. Umgekehrt müssen Eltern das Gefälle in der Beziehung zwischen Lernenden und Lehrenden an der Schule sowie ihre eigene Eingebundenheit in dieses Gefälle respek-

tieren. Der Versuch, daraus auszubrechen, führt notwendig in einen Machtkampf zwischen Schule und Elternhaus. Der ist selbstverständlich sinnvoll und angebracht, wenn die Schule gegenüber den Kindern grundlegende Rechte verletzt. Doch jenseits dieser grundlegenden Dimension hat die Schule das Recht, Elternansprüche auf Mitsprache zurückzuweisen, wenn diese die Zuständigkeit der Schule genau an dem Punkt infrage stellen, wo ihr genuiner Auftrag – Notengebung, Versetzungs- und Disziplinarentscheidungen – gegenüber den Schülern liegt.

4 Vertrauen!
Eine Alternative gibt es nicht

Die Beziehung zwischen Lehrenden und Lernenden, zwischen Lehrern und Schülern ist keine partnerschaftliche Beziehung, sondern eine asymmetrische; sie enthält also relativ viele nicht wechselseitige Elemente. Der Lehrer übernimmt Verantwortung für den Schüler, nicht umgekehrt. Es wäre auch nicht in Ordnung, solches vom Schüler zu verlangen. Im Gegenteil, dies käme der Kündigung der Beziehung gleich. Selbstverständlich hat der Lernende eine Verantwortung für sein eigenes Leben, seine eigenen Lernprozesse, doch diese Verantwortung liegt auf einer anderen Ebene als die Verantwortung des Lehrers.

Voraussetzung, um für einen anderen Menschen Verantwortung zu übernehmen, ist Vertrauen. Es wird durch Glaubwürdigkeit, Kompetenz, Verlässlichkeit und Authentizität der Bezugsperson begründet und hat immer den Charakter des Vorschusses. Es ist zudem mit einem Risiko behaftet, denn niemand kann sicher wissen, ob sich all seine Erwartungen erfüllen. Das leuchtet beim Beruf des Arztes unmittelbar ein. Der Patient vertraut sich, sein Leben dem Arzt an, indem er diesem das Recht gibt, alles mit ihm zu machen, was seiner Gesundung dient. Er begibt sich in eine abhängige Position.

Beim Lehrerberuf kommt noch etwas hinzu: Streng genommen vertraut nicht zuerst der Schüler dem Lehrer, sondern die Eltern vertrauen ihm. Sie sind es, die das Kostbarste, das sie haben, nämlich ihr Kind, an der Schwelle zur Schule loslassen. Dies ist ein grundlegender Vertrauensakt, ohne den Schule gar nicht funktionieren könnte. Die Schule muss diesen Vertrauensakt annehmen. Er besteht zunächst auf dem Vertrauen in sie als Institution, wird aber gegenüber handelnden Personen, den Lehrern, vollzogen. Umgekehrt bedeutet dieses Vertrauen auch, dass Lehrer einen einseitigen Akt des Wohlwollens setzen. Das heißt, sie müssen den Schülern ein ähnliches Signal geben wie Eltern ihren Kindern, nämlich: Ich mag dich auch dann, wenn du mich nicht magst.

Die asymmetrische Lehrer-Schüler-Beziehung kommt nicht freiwillig zustande – das unterscheidet sie von den meisten anderen Beziehungen, in denen Menschen Verantwortung übernehmen –, sondern weil Kinder und Jugendliche sie aufgrund der bestehenden Schulpflicht eingehen müssen. Dass Schule eine Zwangsinstitution ist, bleibt auch dann richtig und zu beachten, wenn sich die Schüler an ihrer Schule wohlfühlen und gern zur Schule gehen. Jeder Lehrer muss sich stets bewusst bleiben, dass ihm das grundlegende Vertrauen nicht wegen seiner Person entgegengebracht wird, sondern wegen der Würde seines „Amtes". Er darf dieses Vertrauen nicht mit persönlicher Sympathie verwechseln. Wer sein pädagogisches Handeln danach ausrichtet, beliebt zu sein, verfehlt sein Ziel.[24]

Wer sich anbiedert, verliert

Grundsätzlich sind Bildungs- und Erziehungsprozesse auf Vertrauen und Kontrolle angewiesen, auf Bindung und Freiheit, auf Nähe und Distanz. Zur Professionalität des Lehrers gehört es, die der jeweiligen Situation angemessene Balance zu finden. Eine Voraussetzung dafür ist anzuerkennen – man kann es nicht oft genug wiederholen –, dass die Beziehung zwischen Lehrer und Schüler asymmetrisch ist. Die Erfahrung zeigt, dass ein scheinbares Paradoxon die beste Richtschnur ist: Distanz ermöglicht Nähe. Denn – auch das zeigt die Erfahrung – Nähe macht Distanz oft unmöglich.

P. Siebner: Ich erinnere ein Erlebnis aus dem Jugendkeller in Hamburg vor einigen Jahren. Daniela, 17 Jahre alt, war offensichtlich sehr bedrückt. Sie schlich wie Falschgeld durch den Jugendkeller, schaute traurig. Schließlich hockte sie sich auf den Boden, legte den Kopf auf die Knie und schluchzte leicht. Ich sah es und meinte zu verstehen: Ich soll es auch sehen – ein „Hilfeschrei" einer sehr sensiblen Gruppenleiterin, schwer zu hören oder gar zu verstehen. Intuitiv (und sicher nicht sehr reflektiert) war mir klar, dass ich alles zerstörte, wenn ich sie jetzt (quasi öffentlich) anspräche und nach ihrem Kummer fragte, den Helfer mimte oder gar den Arm um sie legte. Ich habe mich entschieden, mich in relativer Nähe einfach auch hinzuhocken und schweigend zu „wachen". Das hat ziemlich lange gedauert, und das „nichtsnutzige" Dabeisein war wohl mindestens genauso anstrengend wie das eigentliche Drama. Irgendwann stand Daniela auf und ging. Eine knappe Woche später kam sie zu mir und sprach mich auf mein Verhalten an. Sie bedankte sich und erzählte mir dann von ihrem Schmerz.

Wer meint, als Erzieher einen jungen Menschen drängen zu müssen, ihm seine Probleme zu offenbaren, drängt sich auf. Gerade weil die Arbeit in der Schule nicht ohne Nähe, ohne persönliche Zuwendung auskommt, ist es wichtig, dass Lehrerinnen und Lehrer ihre Rolle als Vertreter einer Institution erkennbar wahrnehmen. Wer sich anbiedert und verspricht, dass sein Unterricht „krass geil is", wer droht, „ich mach dich Messer", verhält sich undiszipliniert.

Die Schulpflicht lässt dem Schüler keine Wahl, ob er in die Schule gehen will oder nicht. Doch genau aus diesem Grund muss er entscheiden dürfen, ob er in diesem Zwangssystem auf eine Ebene persönlichen Vertrauens auch in die Person des Lehrers gehen will. Er ganz allein darf sagen, welchem Lehrer er vertrauen will und welchem nicht. Das kann der Vertrauenslehrer sein, aber niemand kann ihn zwingen, sich gerade diesem Lehrer anzuvertrauen. Genauso wenig kann ein Schüler gezwungen werden, zum Beratungslehrer zu gehen.

Distanzloses Verhalten von Lehrern kann auf Schüler wie Mobbing wirken. Dieser Eindruck entsteht beispielsweise schon dann, wenn der Lehrer ein negatives oder komisches Detail, das er in der pädagogischen Konferenz über einen Schüler erfahren hat, nebenbei während des Unterrichts einfließen lässt. Der Schüler kann sich nicht dagegen wehren. Er ist überzeugt, dass ihn der Lehrer auf dem Kieker hat oder ihn bloßstellen will. Ein solches Verhalten ist wie jeder Machtgestus – ob bewusst oder unbewusst ausgeübt – unprofessionell und sollte geahndet werden.

Da Kinder nicht freiwillig in der Schule sind, müssen Lehrer umso sorgsamer die Privatsphäre der Schüler achten. Grenzverletzungen sind zwar nicht Alltag, kommen aber immer wieder vor. Ein Beispiel: Eine Ethiklehrerin stellt die Aufgabe, jeder Schüler solle berichten, wann zuletzt ein Mensch, der ihm besonders nahe stand, gestorben ist. Sie erwartet, dass sich jeder beteiligt, das sei auch wichtig für die mündliche Note. Damit geht sie zu weit; und zwar auch deshalb, weil sie riskiert, dass ein Kind in Tränen ausbricht und für den Rest seiner Schulzeit als Heulsuse verschrien ist. Natürlich kann die Lehrerin fragen, ob ein Kind freiwillig vom Tod eines lieben Menschen erzählen möchte. Grundsätzlich gilt jedoch: Ein Lehrer darf nur dann auf eine existenzielle Ebene gehen, wenn er den Schülern die Möglichkeit gibt, sich dem existenziellen Diskurs zu entziehen.

P. Mertes: Im Religionsunterricht der sechsten Klasse hat mir ein Schüler die Frage gestellt, was eine Versuchung sei. Ich hatte gerade „Needful Things" („In einer kleinen Stadt") von Stephen King gelesen. Der Roman, der auch verfilmt wurde, spielt in einer fiktiven Kleinstadt. Eines Tages eröffnet ein Mister Leland Gaunt einen Laden, in dem merkwürdigerweise jeder Kunde einen Gegenstand findet, den er schon immer haben wollte. Der Preis dafür ist irgendein „Streich", eine kleine Schweinerei, gegen einen Mitbürger. Aus all diesen „Streichen" ergibt sich ein Netzwerk an Zerstörung, am Ende geht die Stadt in Flammen auf. Ein großartiger Roman zum Thema Versuchung. Aber auch ziemlich brutal. Ich habe der Klasse die erste Hälfte des Films gezeigt. Am nächsten Morgen kamen Eltern zu mir und sagten, dass ihr Kind wegen dieses Films nicht geschlafen hatte, dass es sich übergeben hatte. Ich habe mich entschuldigt. Es war nicht angemessen, den Film zu zeigen, vielmehr war dies eine Grenzüberschreitung. Die Kinder konnten sich den existenziell aufwühlenden Bildern nicht entziehen.

Fehlende Distanz ist gefährlich

Ein Thema, das keine falsche Nähe verträgt und höchst sensibel behandelt werden muss, ist Sexualität. Kinder gehen unterschiedlich mit ihr um. Mädchen sprechen anders darüber als Jungen und umgekehrt. Mädchen sprechen in Gegenwart von Jungen anders darüber und umgekehrt. Allein schon deshalb muss eine Lehrkraft sehr genau überlegen, wie sie das Thema angeht, damit sich kein Kind verletzt fühlt oder vor der Klassenöffentlichkeit bloßgestellt wird, weil es sich vielleicht nicht richtig auszudrücken weiß.

Distanz halten, damit Nähe im gegebenen Fall möglich ist – das bedeutet unter anderem auch, dass sich ein Schulleiter keine Internetportale ansieht, in denen Lehrer anonym von Schülern bewertet werden. Täte er es, würde sich sein Blick auf die entsprechenden Kollegen verändern. Aus dem gleichen Grund sollte er auch nicht das „Semester-Geläster" in Abiturzeitungen lesen, also die oft geschmacklosen Hitlisten von Schülern untereinander oder auch über Kollegen. Dieses Distanzhalten schuldet er denjenigen, die durch das Lästern entwürdigt werden.

5 Alles muss raus, aber nicht immer öffentlich

In einer Zwangsinstitution wie der Schule muss es erlaubt und möglich sein, sich selbst hinter einer Fassade zu verstecken. Nicht jede Differenz zwischen Außenerscheinung und Innenansicht ist „Heuchelei" im moralischen Sinne des Wortes. Es kann ein Gebot der Klugheit oder auch des Selbstschutzes sein, eine Maske aufzusetzen. Lehrer brauchen „Masken", wenn sie vor die Klasse treten. Auch Schüler spielen Rollen und haben „Masken" – sie müssen sie haben dürfen. Demaskierung kann eine Form von Gewalt sein, zumal dann, wenn sie öffentlich geschieht. Das gilt grundsätzlich in der Lehrer-Schüler-Beziehung, weil Lehrer immer öffentliche Personen sind, auch im Zwiegespräch mit dem Schüler.

Wenn sich pädagogisches Handeln zum Ziel setzt und von sich verlangt, Außenerscheinung und Innenansicht der handelnden Personen ineinander aufgehen zu lassen, dann ist Alarm angesagt: Es gibt einen Nudismus der Authentizität, der pädagogisch totalitär ist. Berühmt ist ein Kibbuz-Experiment in den USA aus den 1960er-Jahren: Die Kinder sollten nackt erzogen werden, um einander von Beginn an so zu begegnen, wie sie sind. Als bei dem ersten Kind Scham aufkam und es seine Blöße bedecken wollte, wussten die Pädagogen mit dem Phänomen nicht anders umzugehen, als das Kind aus der Lerngruppe „herauszunehmen", genauer: es auszustoßen.

Trotzdem ist das Thema Authentizität und Glaubwürdigkeit wichtig für das Selbstverständnis einer Institution. Institutionen können zwar nicht wie Einzelpersonen „heuchlerisch" agieren. Wohl aber können Kommunikationsstrukturen in der Institution so miteinander verzahnt sein, dass sie Heuchelei begünstigen, auch und gerade bei ihren Repräsentanten, den Lehrern oder dem Schulleiter. Das kann so weit gehen, dass sich die propagierte Außenansicht einer ganzen Institution mit ihrer Innenansicht nicht mehr deckt und dass die Interessen in dem Betrieb zugleich so geordnet sind, dass niemand mehr die Differenz aussprechen darf. Das ist die Situation im Märchen „Des Kaisers neue Kleider". Die Leichtgläubigkeit und die unkritische Akzeptanz angeblicher Autoritäten und Experten wird in diesem Andersen-Märchen durch das Kind aufgehoben, das das Offenkundige einfach ausspricht: Der Kaiser ist nackt.

Vom Kind geht die Gefahr aus, das Unsägliche zu sagen. Übertragen auf die Situation der Schule: Meist sind es die Schüler, die das aussprechen. Die Form des „Sprechens" über Missstände wird dabei in der Institution nicht immer als angemessen erlebt – und ist es oft auch nicht. Trotzdem ist auch da Aufmerksamkeit für die Signale notwendig. Die Missbrauchsfälle an Schulen liefern besonders drastische Beispiele dafür: Das Unsägliche, nämlich der Übergriff und Missbrauch durch Pater X, wurde mit Graffiti nachts auf die Schulwand gesprüht. Der Täter wurde erwischt – und der Schule verwiesen. Dabei war der Jugendliche ein Opfer des Übergriffs.

Das Aufbrechen verlogener Kommunikationsstrukturen in einer Institution geschieht nicht durch Strukturdebatten, jedenfalls nicht im ersten Schritt. Vielmehr geschieht es durch die Entscheidung Einzelner, das auszusprechen, was nicht ausgesprochen werden darf. Dabei muss „darf" in Anführungszeichen gesetzt werden, denn das Redeverbot ist ja keine öffentlich ausgesprochene, also allen bekannte Norm, sondern verheimlicht. Wäre es eine öffentliche Norm, wäre das ja schon ausgesprochen, was anzusprechen verboten ist, und das Tabu wäre gebrochen. Das Sprechverbot geistert vielmehr als mächtiges Gespenst durch die ganze Institution und macht allen Angst.

Streng geheim! Der Vertrauensraum

Es gibt drei Ebenen, auf denen innerhalb von Institutionen gesprochen wird. Die erste Ebene ist die der Vertraulichkeit. Eltern suchen Rat bei einem Lehrer, Schüler suchen das Gespräch mit einem Lehrer ihres Vertrauens, eine Kollegin vertraut im Lehrerzimmer einer anderen ein Problem an, das sie mit ihrer Klasse hat. Diese Vertrauensebene ist der „Vertrauensraum, camera caritatis". In dieser „Kammer der Zuneigung", also unter vier Augen, kann alles ausgesprochen werden, auch die Dinge, die man mit Rücksicht auf das Image der Schule oder der jeweiligen Person sonst nicht sagen würde – sofern man sich auf die Diskretion der Gesprächspartner verlassen kann. Wenn die Diskretion gebrochen wird, ist das ein schwerwiegender Vertrauensbruch.

Eine Schule funktioniert gut, wenn es in ihr funktionierende Vertrauensräume gibt. Allerdings können weder die Vertrauensebene noch ihr Funktionieren zum Gegenstand eines öffentlichen Diskurses gemacht werden, beispielsweise im Sinne der Imagepflege. Möglich sind nur allgemeine Hinweise, welche die Öffentlichkeit glauben kann oder nicht. Denn nicht nur das, was im Vertrauensraum gesagt wird, hat in ihm zu bleiben; vielmehr ist auch die Tatsache, dass dieses oder jenes Gespräch in der „camera caritatis" stattgefunden hat oder stattfindet, Gegenstand des Vertrauensschutzes.

Der Schritt in die erste Ebene der Öffentlichkeit ist getan, wenn außerhalb des Vertrauensraumes zwischen Einzelnen oder in kleineren Gruppen gesprochen wird. Ein Beispiel: Ein Schüler der 10. Klasse hat während der Besinnungstage unerlaubt und entschieden zu viel Alkohol getrunken. Der zuständige Lehrer hat ihn erwischt und mit ihm und den Eltern in der „camera caritatis" gesprochen. Die Öffentlichkeit ist noch nicht berührt. Die Nachricht erreicht die erste Ebene der Öffentlichkeit, wenn einer der Beteiligten am nächsten Morgen von dem Gespräch erzählt. Die Nachricht pflanzt sich in die verschiedensten Richtungen fort. Am Ende wissen – idealtypisch gesprochen – alle von dem Gespräch, aber niemand weiß, wer noch alles über dieses Gespräch Bescheid weiß. Deswegen wird es nur hinter vorgehaltener Hand und in kleinen Kreisen besprochen.

Flurfunk, die informelle Öffentlichkeit

Diese Ebene der Öffentlichkeit kann man als „informelle Öffentlichkeit" oder „Flurfunk" bezeichnen. Im Flurfunk gibt es ein gemeinsames Wissen (und natürlich einige, meist die Betroffenen, die daran nicht beteiligt sind), aber es gibt kein gemeinsames Meta-Wissen: also Wissen über das Wissen. Wenn 24 Personen in 24 verschiedenen Räumen sitzen und dort jeweils dieselbe Tagesschau sehen, dann haben alle dieselben Informationen, aber niemand weiß vom anderen, dass er diese oder jene Information hat. Es entsteht kein Gespräch zwischen ihnen über die Nachricht. Wenn aber 24 Personen zur selben Zeit in einem Raum sitzen und dieselben Nachrichten im Fernsehen sehen, dann haben sie nicht nur dieselben Informationen, sondern sie haben darüber hinaus auch ein Wissen darum, dass sie dieselben Informationen haben. Erst auf dieser zweiten Ebene ist Öffentlichkeit im vollen Sinne des Wortes erreicht: gemeinsames Wissen und gemeinsames Meta-Wissen. Erst diese Öffentlichkeit ermöglicht den öffentlichen Diskurs.

Im Flurfunk gibt es kein Meta-Wissen, jedenfalls kein gesichertes Meta-Wissen; es lässt sich maximal mit „an Sicherheit grenzender Wahrscheinlichkeit" vermuten, dass dieses oder jenes Thema gelaufen ist – wobei es sich durchaus auch um ein Gerücht handeln kann. Als Faustregel für die Praxis gilt, dass ein Thema immer dann im Flurfunk „durch" ist, wenn es außerhalb einer ausdrücklich und auch strukturell – durch das Beichtgeheimnis oder eine einklagbare Schweigepflicht – gesicherten „camera caritatis" erwähnt worden ist. Zumindest Schulleitungen und andere Leitungsfunktionen in Schulen sollten davon ausgehen: Wenn einer etwas weiß, wissen es alle.

Das lässt sich übrigens auch positiv nutzen. Der Flurfunk hat im Unterschied zum öffentlichen Diskurs einer Institution, der durch Aushänge, Umläufe, Reden und offene Briefe hergestellt wird, den Vorteil, dass intensiver, nämlich immer von Person zu Person kommuniziert wird. Wenn der Schüler, der beim Alkoholmissbrauch erwischt wurde, vom Gespräch mit der Lehrerin und mit den Eltern erzählt, dann wird im besten Fall viel mehr von Wertüberzeugungen, Reaktionsmustern und Einsichten der Beteiligten sichtbar, als wenn es zu einer öffentlichen Strafe gekommen wäre. Diese ist letztlich nur dann zwingend notwendig, wenn die Regelverletzung ihrerseits öffentlich ist.

Der Nachteil des Flurfunks besteht aus der Perspektive der Schulleitung darin, dass er unkontrollierbar ist. Je mehr die Spitze den Flurfunk kontrollieren will, umso weniger Zugang hat sie zu ihm und um so lebendiger wird er. Nur in totalitären Institutionen und Gesellschaften ist der Flurfunk ganz und gar durchleuchtet vom öffentlichen Diskurs – er steht unter dem grellen Licht der Verhörlampen und dem Horchen der allerorten aufgestellten Lauscher. Das Problem ist indes, dass dieses Abhorchen von oben nicht funktioniert: Der abgehörte Flurfunk ist niemals der reale Flurfunk. Die Selbsttäuschung der Spitze steigt in dem Maß, wie sie meint, den Flurfunk abzuhorchen. Deswegen gilt allein schon systemtheoretisch: Kontrolle ist (gelegentlich) gut, Vertrauen ist jedoch besser. An der umgekehrten Grundüberzeugung sind totalitäre Systeme zusammengebrochen.

Das Imageproblem von Institutionen liegt nun im Verhältnis von Flurfunk und öffentlichem Diskurs. Im Flurfunk weiß die Schule immer um die Differenz zwischen der Wirklichkeit, wie sie von innen erscheint, und ihrem öffentlichen Image, wie es in programmatischen Texten, Schuljahrbüchern, Abiturreden, Patronatsfesten und Zeitungsartikeln nach außen hin scheint. Im besten Fall bestätigt der Flurfunk das öffentliche Image; dann kann er gelegentlich veröffentlicht werden, um das Image durch empirische Aussagen zu stützen.

Je größer die Differenz zwischen öffentlichem Diskurs und Flurfunk ist, um so mehr ist die Schule daran interessiert, dass die inoffiziellen Nachrichten nicht nach außen dringen. Das kann sich zu einem Glaubwürdigkeitsproblem auswachsen, wenn immer mehr pädagogische Entscheidungen mit Rücksicht darauf getroffen werden, Imageschäden zu vermeiden. Da wird zum Beispiel offiziell propagiert, es gebe an der Schule keine Drogenprobleme und kein Mobbing; dabei wissen viele, dass gekifft und gemobbt wird. Oder die Lehrer lassen sich als besonders engagiert und opferbereit loben; doch privatim erklären sie, dass sie sich ausgebeutet fühlen. Jedem ist klar: Auch wenn nicht offiziell über Schein und Sein der Schule geredet wird, wird zu Hause und in kleinen Gruppen darüber gesprochen.

Wenn die Schere zwischen öffentlichem Diskurs und Flurfunk, zwischen Image und innerer Wirklichkeit einer Institution auseinanderklaffen, müssen die beiden Diskursebenen zusammenarbeiten, um die Schere wieder zusammenzubringen. Der Flurfunk muss an die Öffentlichkeit treten, und die Institutionsspitze muss zulassen, dass er das tut. Das setzt voraus, dass die Imageinteressen in ihrer Bedeutung zurücktreten.

Der Kaiser hat nichts an

Die Glaubwürdigkeit einer Institution hängt grundsätzlich an der Möglichkeit, dass die konkreten Differenzen zwischen Image und Wirklichkeit ausgesprochen werden – und zwar von unten, nicht von oben. Aus dem Flurfunk heraus kann das, was im Flurfunk gesagt wird, zum Gegenstand des meta-wissenden Wissens aller gemacht werden: „An dieser Schule ist Kritik erlaubt – und zwar öffentliche Kritik." Das öffentliche Aussprechen dessen, was im Flur geflüstert wird, und das Geschehenlassen dieses Aussprechens sind der entscheidende Beitrag für die Glaubwürdigkeit der Schule. Dabei muss das Ausgesprochene gar nicht „objektiv" richtig sein – darüber kann ja dann im öffentlichen Diskurs gehandelt werden; vielmehr geht es darum auszusprechen, wo ein „Ich" in dieser konkreten Situation „seiner" Schule den Graben zwischen Anspruch und Wirklichkeit, zwischen Image und eigenem Erleben sieht. Etwa: „An dieser Schule kriegt man schlechte Noten, wenn man seine Meinung sagt." Oder: „Kein Wunder, dass der Fritz-Franz-Florian immer durchkommt, schließlich spenden seine Eltern großzügig."

Die Aufgabe der Schulleitung ist, den Flurfunk zum öffentlichen Sprechen zu ermutigen und gelegentlich auch herauszufordern. Nur in Ausnahmefällen darf sie selbst aus dem Flurfunk heraus veröffentlichen. Denn die Leitungsebene spricht – von ihrer Rolle her gesehen – immer im öffentlichen Diskurs. In dem Moment, wo sie sich zur Sprecherin des Flurfunks macht, entmündigt sie die informelle Öffentlichkeit einer Schule, einer Klasse, einer Gruppe. Wenn eines der wesentlichen Lernziele von Schule sein soll, junge Menschen zur Mündigkeit zu erziehen, dann darf die Institution nicht stellvertretend für sie den Mund aufmachen, wo diese selbst sprechen können und könnten.

Wenn das kleine Kind in der Klasse, in der Schule oder wo auch immer sagt: „Der Kaiser hat ja gar nichts an", dann spricht es etwas aus, das, wenn es gehört wird, plötzlich alle sehend macht. Die Interessen, ein solches Wort zu überhören, sind sehr mächtig, gerade weil es die Sicht auf die eigene Institution und die eigene Tätigkeit verändert. Wenn aber das Wort im Herzen des Lehrers oder der Institution ankommt, dann müssen sie aufhorchen. Sie müssen nachfragen, sich ändern und grundsätzlich umdenken.

Kultur des Hinhörens und Schweigen-Könnens

Eine Kultur des Hörens, des Hinhörens, des Nachfragens und der Bemühung um immer besseres Verstehen des anderen ist auch das beste Mittel, um den Fallen der Heuchelei in der Institution Schule zu entrinnen.[25] Solches Hören lässt sich üben. Es hängt unmittelbar zusammen mit Schweigen-Können. Auch das kann man lehren und lernen. Es beginnt mit einem scheinbar kleinen Schritt. Zunächst sollen Schüler versuchen, zwei Minuten lang zu schweigen. Die Erfahrung zeigt, dass am Anfang diese kurze Zeit kaum auszuhalten ist. Im Schweigen der Gruppe wird die Unruhe hörbar: Niesen, Kichern, Räuspern, Scharren. Das Schweigen, um das es hier geht, lässt sich nicht auf Befehl durchsetzen. Auf Befehl kann man allenfalls Ruhe hinbekommen, die heute im pädagogischen Diskurs so viel gepriesene Disziplin, aber keine Ruhe des Herzens, kein hörendes Schweigen.

Das hörende Schweigen entsteht nicht durch Disziplinierung, sondern durch sich selbst: durch die Erfahrung, dass Schweigen in die Stille führt und in der Stille Fülle ist, dass da Quellen sind, die Kraft spenden, dass in der Stille Worte wirken, die man im Plapperdiskurs des Alltags gar nicht hört. Wenn es gelingt, durch regelmäßiges, jahrelanges Üben die Erfahrung des Schweigens in einer Gruppe zu vermitteln, dann wird das Schweigen selbst für die Gruppe als große Kraft erfahrbar. Sie trägt in der Sprachlosigkeit, zum Beispiel in Situationen, in denen sich Schüler und Lehrer existenziellen Fragen stellen müssen wie dem Krebstod eines Mitschülers oder dem schweren Unfall eines Lehrers.

6 Machtmissbrauch in der Erziehung

Wenn das Vertrauen in die Institution Schule gestört oder gar verloren ist, lässt es sich nach aller Erfahrung nicht oder nur unter größten Anstrengungen wieder herstellen. Zugleich ist mit dem verlorenen Vertrauen der Bildungsprozess erheblich eingeschränkt.

Das Vertrauen in der asymmetrischen Beziehung gibt der Vertrauensperson eine große Macht. Sie zu missbrauchen ist der schlimmste Verrat an der anvertrauten Person. Die monströsen Fälle von Missbrauch, wie sie seit Anfang des Jahres 2010 ausgehend von und auch an Jesuitenschulen bekannt wurden, machen das deutlich. Jugendliche Opfer von Missbrauch werden durch den Missbrauch in einen Überlebenskampf gestürzt, der das ganze Leben prägt. Nicht alle schaffen es, in diesem Überlebenskampf an das andere rettende Ufer zu stoßen, wo sie Menschen wieder vertrauen können. Machtmissbrauch in der Erziehung wird zu Recht ein Verbrechen genannt.

Sicher, man kann sich von den verbrecherischen Fällen des Missbrauchs dadurch distanzieren, dass man sie zu Einzelfällen erklärt – was sie unter einer gewissen Rücksicht natürlich sind. Deshalb ist es unangemessen, aufgrund von furchtbaren Missbrauchsgeschichten den Lehrer- und Erzieherberuf oder gar familiäre Erziehung unter Generalverdacht zu stellen. Wieso auch sollte man den Generalverdächtigern mehr trauen als den Generalverdächtigten? Nur weil sie verdächtigen, sind sie noch nicht vertrauenswürdig. Und wer bliebe denn – außer der Familie – als vertrauenswürdig übrig, wenn die Schule ausfällt? Wohl doch nicht Staatsanwaltschaft und Polizei. Niemand wird im Ernst die Verantwortung für Erziehung und Bildung der Polizei und der Staatsanwaltschaft überlassen wollen. Familie und Schule unter Generalverdacht zu stellen ist eine irrationale Reaktion auf Missbrauch.

Doch Reflexion auf die schlimmen Missbräuche ist durchaus angebracht, um am vergrößerten Beispiel zu lernen, wie man schon im Kleinen als Lehrer oder Lehrerin das Vertrauen von Kindern und Jugendlichen verletzen kann. Missbrauch besteht darin, die Vertrauensposition zu benutzen, um darin etwas anderes zu machen als das, was in der Lehrer-Schüler-Beziehung eigentlich „vereinbart" ist. Das spezifische Übel, um das es geht, ist der Missbrauch der Nähe, die durch Vertrauen entstanden ist. Dieser Missbrauch kann schon da beginnen, wo die Lehrerposition benutzt wird, um „harmlosere" Beziehungsinteressen zu bedienen: etwa Einsamkeit zu überwinden (indem man Schüler auf private Ferien einlädt), Eitelkeit zu bestätigen (indem man einen Fanclub um sich sammelt), Antipathie auszuleben (indem man gezielt hart bestraft).

Missbrauch kann auch da beginnen, wo ein Lehrer wie ein Elefant in der Seele des Schülers herumtrampelt und die Schmerzensschreie des Kindes oder des Jugendlichen gar nicht hört: wenn er sich über einen Schüler öffentlich lustig macht, wenn er ironisch redet, wenn er Arbeitsblätter für den Unterricht mit zweideutigen Bildern anreichert, wenn er Schülern mehr körperliche Nähe untereinander oder mit sich selbst zumutet, als diese wollen. Zum Elefanten im Porzellanladen wird ein Lehrer endgültig, wenn er den Widerstand der Schüler und Schülerinnen nicht merkt oder nicht hört, wenn er Schamgefühle der Jugendlichen lächerlich macht und sich in der Pose des Aufklärers gebärdet. Gerade hier wird ein Grundsatz verletzt, den man schon in der ignatianischen Spiritualität finden kann: Widerstände müssen geachtet werden.

In der Vertrauensbeziehung muss die anvertraute Person bestimmen dürfen, wann ein Übergriff ein Übergriff ist – und nicht umgekehrt. Sätze eines Lehrers wie „Nun hab dich mal nicht so" oder „Sei nicht so empfindlich" sind in der Regel Symptome für Übergriffigkeiten.

Natürlich gibt es auch das umgekehrte Problem: Schüler und Schülerinnen, die durch ihr Auftreten und Handeln die Schamgefühle des Lehrers verletzen. Etwa durch Kleidung, die den Unterschied zwischen Schule und Badestrand nicht mehr wahrt, oder wenn Lehrer und Lehrerinnen heimlich gefilmt werden, um diese Bilder anschließend im Internet auszustellen. Aber das hebt nicht die Asymmetrie im Lehrer-Schüler-Verhältnis auf. Im Gegenteil: Es gehört zu den erzieherischen Aufgaben der Schule, Grenzen zu setzen und durchzusetzen, um sie den Jugendlichen auf diese Weise erfahrbar zu machen. Erziehung hat eben auch etwas mit Durchsetzungskompetenz zu tun. Gerade deswegen hat ja der Lehrerberuf eine Machtposition inne. Wenn diese nicht genutzt wird, um Grenzen gegen Gewalt aller Art zu setzen, dann verliert er seinen Sinn.

Zu den Missbrauchsfällen, die in letzter Zeit sichtbar wurden, gehört ein zweiter Aspekt: das Wegschauen der Familie beziehungsweise der Institution, in welcher der Missbrauch geschieht. Wie Opfer erzählen, gehört dieser Teil des Missbrauchs zu den anhaltend schmerzlichen Erfahrungen und tut mindestens genauso weh wie die Tat selbst. Es ist die Erfahrung absoluter Schutzlosigkeit. Um es auf die Schule hin zu veranschaulichen: Wenn in der Lehrer-Schüler-Beziehung ein Vertrauensmissbrauch beispielsweise durch einen anfanghaften Übergriff geschieht, dann ist die Schule von dem Augenblick an mit im Boot, in dem der Übergriff sichtbar wird – durch eine Beschwerde, durch Zeugen, durch einen Konflikt. Da ist dann die Tapferkeit des Kollegen gegenüber dem Kollegen und die Leitungsqualität der Personalführung gefragt.

Es gibt mehrere Hindernisse, die zu überwinden sind, um eine achtsame oder „hinschauende Schule" zu werden.

Ein Hindernis ist falsch verstandener Korpsgeist in einem Kollegium, in einer Erziehergemeinschaft oder – im Falle der Ordensschulen – in der tragenden Ordensgemeinschaft. Kollegialität und Korpsgeist sind ein hoher Wert. Gute Kollegialität zeichnet sich dadurch aus, dass man einander nicht nur die angenehmen, sondern gelegentlich auch die unangenehmen Wahrheiten sagt.

Auch die Selbstbezeichnung von Schulen als „Elite-Schulen" ist pädagogisch riskant, denn sie fördert den Dünkel in der Schülerschaft und im Schulmilieu. Sie fördert auch eine Überidentifikation mit der Schule, was Selbstkritik erschwert. Um es von den jüngsten Missbrauchsfällen her an Schulen in Deutschland zu sagen: Gerade Schulen mit „besonderem" Selbstverständnis scheinen besonders betroffen zu sein. Man wird daraus keine Kurzschlüsse ziehen dürfen, aber die Aura des Besonderen kann tatsächlich einen Missbrauch begünstigenden Nebeneffekt haben. In der mythisch überhöhten Schule wachsen Erwartungen, mit denen sich Schulen institutionell überfordern – und auch noch stolz darauf sind. Solche Erwartungen können Schüler und Lehrer zudem enger zusammenschweißen, als dies angemessen ist. Das führt dazu, dass Nüchternheit im Selbstverständnis der Institution Schule in „Elite"-Schulen weniger Chancen hat.

Ein anderes Hindernis ist die falsche Sorge um den „guten Ruf der Schule". Eine Schule ist nicht dann gut, wenn in ihr keine Gewalt vorkommt. Vermutlich gibt es keine Schule ohne Gewalt, auch keine Schule ohne Gewalt von Lehrern gegenüber Schülern. Nur ist der Ruf einer Schule ja besonders dann gefährdet, wenn einer ihrer Repräsentanten, ein Lehrer oder eine Lehrerin, Grenzen überschreitet. Für das Profil der Schule ist aber auch in diesem Fall entscheidend, wie sie auf die Gewalt reagiert. In der Regel nützt es dem guten Ruf einer Schule, wenn sie bei Gewalt – auch bei Lehrergewalt – hinschaut und nicht wegschaut.

Wenn sie allerdings nur wegen des guten Rufs der Schule hinschaut, dann nützt das nichts. Das Saubermann-Image ist auch nur ein Image. Gewalt, Übergriffe und Missbräuche erfordern aus sich selbst heraus die „hinschauende Schule".

Hinschauen kostet immer etwas. Es kostet insbesondere Konflikte mit denen, die nicht hinschauen wollen. Da Übergriffigkeiten – von den strafbaren Missbräuchen ganz zu schweigen – oft in engen Vertrauensbeziehungen stattfinden, kann die Konfrontation des Übergriffs auch zu Konflikten mit dem Umfeld, beispielsweise mit dem Fanclub, führen, der ja im Vertrauen lebt. Wie in der Familie der Lieblingsonkel, so kann es in der Schule ein ganz besonders beliebter Lehrer sein, der die Grenzen nicht einhält. Die Konfrontation solcher Lehrer kann viel Ärger kosten. Opfer von Missbrauch entdecken auch manchmal erst im Rückblick, dass sie missbraucht wurden.

Damit sollen Lieblingslehrer nicht unter Generalverdacht gestellt werden. Aber das Kriterium der Beliebtheit muss relativiert werden, wenn eine Schule „hinschauend" werden will. Die Gesellschaft umgibt Jugendliche und Schule mit einer Besessenheit durch Beliebtheits-Hitlisten. Der aktuelle Stand der Beliebtheit von Politikern ist regelmäßiges Nachrichtenthema. Er wird gleichsam wissenschaftlich gemessen und im „Barometer" angezeigt. Danach richten sich viele Personal- und Sachentscheidungen der Parteien und Verbände. Auch bei Shows, die das neueste schönste Model, den fittesten Containerbewohner oder einfach bloß den „Superstar" ermitteln, ist Beliebtheit beim Publikum das oberste Auswahl- und Ausschlusskriterium. Eine Schule, die sich diesem Selbstverständnis beugt, ist im Fall der Fälle nicht auf den Primat des Opferschutzes vorbereitet. Der beste oder gar vertrauenswürdigste Lehrer wird eben nicht durch Abstimmung ermittelt, und die beste Schulleitung auch nicht.

Hinschauen und Reagieren der Institution auf Vertrauensmissbrauch ist auch die Voraussetzung dafür, dass neues Vertrauen entstehen kann. Wenn etwas in der Lehrer-Schüler-Beziehung vonseiten des Lehrers schiefgegangen ist, dann kann das Vertrauen nur durch Offenheit wiederhergestellt werden – dadurch, dass sich der Lehrer beim Schüler entschuldigt; dadurch, dass die Institution reagiert und den Schwächeren vor dem Stärkeren schützt.

Der Lehrer repräsentiert gegenüber dem Schüler immer auch die Institution Schule. Deswegen – und auch wegen des potenziell immer gegebenen institutionellen Aspektes von Übergriffen und Missbrauch in der Schule – muss die Institution Schule davon ausgehen, dass betroffene Kinder und Jugendliche nicht nur der konkreten Lehrperson misstrauen, sondern auch ihr selbst. Beschwerde setzt aber Vertrauen voraus. Wenn sich ein Schüler bei einem Lehrer oder bei der Schulleitung über einen Machtmissbrauch beschwert, so setzt er ja voraus, dass die Beschwerde angenommen und angemessen bearbeitet wird, also nicht in defensiver Haltung und am Beschwerdeführer vorbei. Das führt jedoch Kollegen und Schulleitung in Loyalitätskonflikte, die sie strukturell überfordern. Hier setzt die Idee der „Ombudsstelle" an, die an Jesuitenschulen in den letzten Jahren realisiert wurde. Die Ombudsperson ist unabhängig von der Schule. Sie kann Beschwerden von Kindern, Jugendlichen und Eltern über Vertrauensmissbrauch entgegennehmen, dabei Diskretion zusagen und zusammen mit den Betroffenen die nächsten Schritte gegenüber der Schule oder anderen Stellen gehen.

Prävention braucht Transparenz

Vorbeugung von Machtmissbrauch in der Schule ist im Wesentlichen schon umschrieben durch die Beschreibung des Missbrauchs selbst und den Versuch einer kurzen Analyse. Den Opfern Glauben schenken, ihren Geschichten trauen und sich ihnen aussetzen ist Prävention. Wissen und verstehen wollen, wie Institutionen und „hermetische Systeme" ticken, ist Prävention. Institutionelle Kontinuität akzeptieren und aktiv annehmen (beispielsweise als Ordensgemeinschaft oder in der konkreten Schule), statt im Rekurs auf Täter von damals und etwaige Üblichkeiten verweisen, ist Prävention.

Hinschauen, Hinhören, Achtsamkeit üben – die vielfache Wiederholung droht, diese zentralen Aspekte von Prävention zu desavouieren. Schon wird in den Feuilletons gespottet über die „Kultur des Hinschauens" als Leerformel. Diese Rede sei derart allgemein, dass sie konkret kaum noch etwas bedeutet. Die Gefahr der Beschwörungsformel besteht. Aber es bleiben doch die wesentlichen Schlüssel jedweder Prävention, die nicht in schnellen Aktionismus verfallen will. Es handelt sich bei der „Achtsamkeit" – nehmen wir dies als Oberbegriff – nicht um einen Hebel, den jemand aufgrund eines (moralischen) Appells oder gar per Ordre de Mufti umlegen kann, und dann ist sie da. Es geht um eine Haltung, die es einzuüben gilt, die Übung braucht.

Das Schulklima und die Atmosphäre in einer Institution spielen eine entscheidende Rolle und sind gleichzeitig ungemein schwer machbar oder planbar. Kinder, die Opfer werden von Übergriffen durch Erwachsene, „rufen" viel zu oft und auf vielfache Weise um Hilfe, bis sie gehört und ernst genommen werden. Hören wir in unseren Schulen diesen Ruf? Dieses Rufen kann ja sehr leise daherkommen, ja stumm sein. Dieser Hilferuf kann als Störung daherkommen, als ungebührliches oder aufsässiges Verhalten oder als totaler Rückzug. Können wir das hören? Lehrer und Erzieher müssen dieses Hören üben und sich dabei von Fachpersonen helfen lassen.

Wie ist eine Institution in ihren Strukturen und Verfahren aufgestellt? Sind (Entscheidungs-)Strukturen transparent und gerecht? Sind die Gremien in der Lage, ihre Arbeit zu tun? Können sie etwas bewirken? Gibt es Beschwerdeverfahren und Appellationsinstanzen? Hat eine Schülermitverwaltung (SMV) auch ein tatsächliches Mandat, in eigener Sache zu sprechen? Gibt es einen Verhaltenskodex oder einen vereinbarten Katalog von Rechten und Pflichten auch für die Schulleitung, oder gibt es sie nur für Schüler? Gibt es im Internat eine altersgemäße Privatsphäre? Gibt es eine Konferenzordnung, die hinreichend Zeit für alle Schüler und darüber hinaus für besondere Zuwendung für die „Sorgenkinder" bereithält? Gibt es externe Evaluationen?

Die Aufzählung dieser Fragen ist exemplarisch und unsystematisch; wir lernen hier noch. Und es gibt erstaunlich viel Kompetenz in den Kinderschutzorganisationen, gerade in denen, die in den 1960er- und 1970er-Jahren aus der Frauenbewegung gewachsen sind. Die Jugendverbände im Bund der Katholischen Jugend sind seit Jahren an diesen Themen dran und haben gute Programme entwickelt. Es gilt, diese Kompetenz zu nutzen und in die Schulen hineinzuholen.

P. Siebner: Vor einigen Jahren hatte ich für den Englandbesuch eines Kollegen ein umfängliches Formular auszufüllen, das Zeugnis geben sollte von seiner Unbescholtenheit. Er sollte während des Schüleraustauschs dort im Internat übernachten; deshalb wurden all diese Auskünfte verlangt. Ich erinnere mich, dass ich mich geärgert habe, denn es war zum einen aufwendig und zudem in meinen Augen völlig sinnlos, Augenwischerei, Pseudosicherheit für die Fassade. Inzwischen sehe ich das anders. Gewiss, ein solches Zeugnis gibt keine Sicherheit; das perfide Vorgehen so vieler Täter lehrt uns das. Auch das jetzt in Deutschland eingeführte „erweiterte Führungszeugnis" gibt keinerlei Sicherheit. Trotzdem ist es sinnvoll, denn das Thema Missbrauch ist so aus dem Tabu gehoben, es darf und muss angesprochen werden, weil es eben ein Thema ist.

Hilfe, um Hilfe zu holen

Jedes Kind entscheidet selbst, wem es vertraut und wem es sich anvertraut; idealtypisch sind das wohl die Eltern oder die beste Freundin, der beste Freund. Keine Schule kann vorschreiben, wie derjenige sich zu verhalten hat, wenn er oder sie eine Ahnung, einen Verdacht oder ein „blödes Gefühl" hat. Was tun, wenn dem Schulleiter oder Kollegsdirektor etwas zugetragen beziehungsweise ganz konkret gemeldet wird? Wer hier schnelle und einfache Antworten parat hat, wird der besonderen Situation und der Macht eines solchen Geheimnisses nicht gerecht. Es braucht daher in der Schule und außerhalb der Schule Ansprechpartner und Kompetenz.

Entscheidend für die Erwachsenen, die etwas sehen oder denen etwas anvertraut wird, scheint zu sein, dass sie die eigene Überforderung mit einer solchen Situation zugeben dürfen und sich dann Hilfe holen. Die Patentrezepte à la „Was tun, wenn ..." sollten eigentlich nur ein Kapitel enthalten: Hilfe, um sich Hilfe zu holen. Es sollte eine geschulte Person im Haus sein, der man von seiner Beobachtung vertraulich erzählen kann. Und es sollte eine verlässliche Partnerschaft mit einer Institution wie „Wildwasser", „Zartbitter", „Kind im Zentrum" oder „Wendepunkt" da sein, auf die ein Schulleiter oder Lehrer zurückgreifen kann, die ihn berät. Einen Verdacht gegen einen Kollegen zu haben oder ein „komisches Gefühl" wiegt schwer; so schwer, dass es oft ins Vergessen oder in die Verdrängung führt nach dem Muster: „Das wird schon nicht, das kann gar nicht sein." Wenn es Kompetenz zum Thema sexualisierte Gewalt und Machtmissbrauch in der Schule und außerhalb gibt und es zudem von oben gewollt und kollegial akzeptiert ist, dass diese Kompetenz auch genutzt wird, dann ist dieser erste so wichtige Schritt möglich.

Wenn wir in der Schule oder im Internat einen erhärteten Verdacht von Übergriffigkeit oder Missbrauch haben, müssen Verfahren greifen, die festzulegen sind und die öffentlich bekannt sein müssen. Hier ist dann über die wichtige Rolle der externen „Ombudsperson" zu sprechen, über gute Sorge und Therapie, über den Umgang mit der Staatsanwaltschaft und vieles mehr. Konkrete Projekte, die Kinder stark machen, gibt es vielfach. Auch hier gilt: Hinschauen und das, was passend ist, umsetzen.

Die Strukturdebatten, die gegenwärtig in der katholischen Kirche geführt werden, gehören zur Prävention. Wer die Missbräuche und das Weghören nur auf Einzelpersonen und deren Versagen schiebt, vermeidet letztlich auch den strukturellen Aspekt der Prävention, der an katholischen Schulen eben auch einen katholischen Aspekt hat. Ein wesentlicher kirchlich-struktureller Aspekt des Versagens, das in den letzten Monaten an Jesuitenschulen deutlich geworden ist, ist Sprachlosigkeit beim Thema Sexualität. Wer nicht sprechen kann, kann auch nicht hören.

Es muss also Sprache für die Erfahrungen und Fragen geben, die Jugendliche mit Sexualität machen – auch an katholischen Schulen. Sonst ist man taub auch für den Fall, dass sie als Opfer sexualisierter Gewalt sprechen. Es gibt zwar eine offizielle Sprache der kirchlichen Sexualmoral, aber diese kann es schwer machen, im konkreten Falle zu sprechen und zu hören. Wenn zum Beispiel die vom Missbrauchstäter erzwungene Masturbation vom jugendlichen

Opfer mit überwältigenden Schuldgefühlen erlebt wird, die mit dem Begriff der „schweren Sünde" zusammenhängen, dann wird es für das Opfer schwerer sein, den Missbrauch überhaupt zu benennen. Wenn, wie am Canisius-Kolleg in Berlin geschehen, Opfer der Schulleitung in einem offenen Brief „schwerwiegende Belastungen" anzeigen, denen homosexuelle Jugendliche im Kolleg ausgesetzt seien, dann muss es in der Institution einen Diskurs über das Thema Homosexualität geben, der diese nicht einfach nur unter dem Stichwort „Sünde" abhandelt.

Hier greifen die Präventionsfragen über das hinaus, was eine einzelne katholische Schule leisten kann. Aber aus den Erfahrungen der Schulen kann zugleich eine Fragestellung in die Kirche als Ganze hineingetragen werden, die ihre Legitimation erhält durch die Leiden, welche die Opfer manchmal ihr Leben lang mit kirchlichen Sprachregelungen und kirchlicher Sprachlosigkeit zum Thema Sexualität gemacht haben. Auch hier wäre der erste wichtige Schritt, den Opfern einfach in Ruhe zuzuhören, bevor man auf sie einredet oder sie auf andere Weise zum Verstummen bringt.

7 Ohne Freiheit keine Zivilisation

„Mehr Demokratie wagen!" Dieses Motto der späten 1960er-Jahre war Forderung und Versprechen zugleich und erfasste alle Bereiche unserer Gesellschaft, auch die Schulen. Längst wirken Eltern und Schüler über gewählte Gremien an der Gestaltung ihrer Schule und des Schulwesens zumindest beratend, wenn nicht beschließend mit. Es ist schon lange keine rein theoretische Konstellation mehr, dass Eltern- und Schülervertreter vollberechtigt an einer Klassenkonferenz teilnehmen, die über Ordnungsmaßnahmen (schriftlicher Verweis, vorübergehender Ausschluss vom Unterricht) gegen einen auffällig gewordenen Schüler berät und beschließt. Das Berliner Schulrecht etwa macht nur die Einschränkung, dass der betroffene Schüler und seine Erziehungsberechtigten zustimmen. Bayern beispielsweise sieht gegebenenfalls die Mitwirkung des Elternbeirats vor, dessen Stellungnahme bei der Entscheidung zu würdigen ist. Elternvertreter fordern gegenwärtig bei den Verhandlungen über das neue Schulgesetz ein Mitbestimmungsrecht bei Zeugnis- und Versetzungskonferenzen.

Das klingt sehr demokratisch. Doch auch Demokratie stößt mit ihrem Machtanspruch an Grenzen. Es steht Eltern nicht zu, über Strafen für Kinder anderer Eltern zu entscheiden. Und es überfordert Schüler, über disziplinarische Maßnahmen für andere Schüler mitzuberaten oder als deren Verteidiger aufzutreten.

Bernhard Bueb, der ehemalige Leiter der Internatsschule Schloss Salem, der mit seiner Streitschrift „Lob der Disziplin" für strenge Erziehungsprinzipien und deren strikte Durchsetzung ficht, hat eben nicht recht, wenn er den kleinen „Gerichtshof" in Salem – ihm gehören außer dem

Schulleiter, dem Erzieher und dem Klassenlehrer mindestens zwei Schülervertreter an – als ein nachahmenswertes „nützliches Medium" anführt, „um einen differenzierten Begriff von Gerechtigkeit bei Jugendlichen zu entwickeln". Und als weiteren Nutzen anführt (eingedenk des alten Grundsatzes „non scholae, sed vitae discimus. Nicht für die Schule, sondern für das Leben lernen wir"): „Eine bessere Einführung in das Rechtsdenken kann es kaum geben, als bereits in frühen Jahren in formellen Verfahren über andere zu Gericht sitzen zu dürfen."[26]

Nein, das ist ein Missverständnis der Schülerrolle. Denn im Unterschied zu Lehrern sind Schüler keine Repräsentanten der Institution Schule. Die Institution verantwortet die disziplinarische Maßnahme. Die Kompetenz dazu hat sie aufgrund ihres öffentlichen Bildungsauftrags. Gewiss, eine Gesellschaft, die sich als bürgerlich, liberal und menschenfreundlich auslegt, gibt diesen Aspekt von Schule ungern zu, und noch weniger gern gibt sie zu, dass sie selbst will, dass es sich so verhält. Sie überträgt die Gewalt auf den Lehrberuf, der sie im Erziehungsprozess vollstreckt, während sie danebensteht, ihre Hände in Unschuld wäscht oder über das Versagen der Schule angesichts des Scheiterns von Schülern philosophiert. Dabei glaubt sie selbst nicht ganz an ihre Schuldzuweisung. Zwar lauscht sie wohlwollend den Idealisten, die von einer ganz neuen Schule, von „Treibhäusern des Lernens" träumen, verharrt aber gleichwohl mit sicherem Instinkt in der Überzeugung, dass der Idealist schlussendlich der unvermeidlichen Aufgabenstellung der Institution unterliegen wird, wo Kinder eben nicht nur „wachsen", sondern auch auf Grenzen stoßen und ihre Leistungen nach vorgegebenen Kriterien bewertet werden.

Der Lehrberuf steht, positiv und pointiert formuliert, an der Grenze zwischen Barbarei und Zivilisation. Er muss in jeder Generation neu die elementaren Unterscheidungen einführen, auf denen die Zivilisation beruht: die Unterscheidung zwischen Wunsch und Wirklichkeit, zwischen Interesse und Anspruch, zwischen Meinung und Argument. Das geht nicht ohne die Disziplinierungskompetenz. Natürlich schießen diejenigen Neo-Behavioristen über das Ziel hinaus, die meinen, Erziehungsarbeit bestünde vornehmlich in Verhaltenskonditionierung. Zu echter Bildung gehört die Einsicht in den Sinn von Regeln, von Grenzen und von Vernunftargumenten. Äußere Regelkonformität und Erfüllung von Leistungsstandards allein erfüllen noch kein Bildungsideal, das diesen Namen verdient. Aber Zivilisation kann nur da entstehen, wo es eine Vollmacht gibt, die den Raum frei hält, in der Einsicht überhaupt erfolgen kann. Die wichtigsten Einsichten im Bildungsgeschehen erfolgen nicht aufgrund von Druck, sondern in Freiheit. Eine Disziplinierungskompetenz, die dem Bildungsgeschehen dienen will, muss immer im Blick haben, diese Freiheit zu schützen. Sie muss sie auch dann schützen, wenn der Freiraum, in dem die Vernunft tätig werden kann, bedroht ist, entweder durch Gewalt oder durch Abgleiten in illusionäre Welten – zumal beides in der Regel zwei Seiten ein und derselben Medaille sind.

Im Klartext: Die Schule muss bereit sein, eine Strafe auch dann durchzusetzen, wenn die Betroffenen ihr nicht zustimmen oder ihren Sinn nicht einsehen. Das heißt, vom Grundsatz her kann die Schule die Kompetenz für eine disziplinarische Maßnahme nicht von denjenigen abhängig machen, die davon betroffen sind. In diesem Punkt verfehlen alle Mitbestimmungskonzepte den inneren Sinn der Institution Schule.

Eltern gestehen zwar einem Lehrer zu, dass er eine disziplinarische Autorität gegenüber ihrem Kind hat. Sie konzedieren das aber nicht Eltern von anderen Kindern. Im Gegenteil. Sie möchten vielleicht gar nicht, dass diese wissen, was das Kind „ausgefressen" hat. Sie möchten, dass die Schule gegenüber den Eltern anderer Kinder Diskretionspflichten einhält, die sich aus der Tatsache ergeben, dass die Schule einen besonderen Vertrauensakt seitens der Eltern zur Grundlage hat.

Es gehört zur Rolle der Institution Schule, dass sie Probleme, die in der Schule auftauchen, auch in der Schule löst. Oft sind Eltern, die man in die schulische Verantwortung mit hineinzuziehen versucht, selbst mit diesen Problemen überfordert. Sie erwarten zu Recht, dass die Schule die Probleme klärt. Selbstverständlich gibt es Fälle, in denen das Verhalten eines Schülers so auffällig ist, dass die Eltern darüber informiert werden müssen – aber nicht in der Absicht, dass sie anfangen, in der Schule mitzuarbeiten, um das Problem zu lösen.

Petzen gilt als Verrat

Ganz abgesehen davon, dass eine Institution, die Petzen oder Denunzieren einklagt, Vertrauen verliert; und abgesehen davon, dass es manchmal Situationen gibt, in denen Schüler zum Reden aufgefordert werden müssen, weil sie eine Mitverantwortung für Kameraden und Schule tragen – grundsätzlich muss klar sein, dass die Institution nicht erwartet, dass denunziert wird. Petzen ist unter Schülern ein großes Tabu. In neun von zehn Fällen halten sie dicht. Die ganz Kleinen dürfen noch erzählen, was sie (vermeintlich) Schlimmes oder Gefährliches gesehen oder erlebt haben. Doch ab der fünften, sechsten Klasse ist es damit vorbei; jemanden anschwärzen gilt als Verrat. Petzen ist denn auch eine der entscheidenden innerschulischen Ursachen von Gewalt, die von Schülern gegen Schüler ausgeübt wird.

Die Sorge, vor den Kameraden als feige oder Schwächling zu gelten, kann sogar dazu führen, dass sich ein Schüler selber als Mittäter anzeigt und entsprechend behandelt werden will.

P. Siebner: Paul, ein Internatsschüler der zehnten Klasse, kam zum Internatsleiter und bat um eine angemessene Strafe. Da er eigentlich nichts Schlimmes gemacht hatte (im Gegenteil), war dies bis dahin unterblieben. Was war passiert? Zwei Kameraden hatten sich nachts im Zimmer dieses Jungen „einquartiert", weil sie dort am wenigsten Störung für ihr Trinkgelage erwarteten. Paul hatte nicht aktiv mitgemacht und keinen Tropfen des streng verbotenen Wodkas angerührt. Er konnte und wollte dieses Spektakel in seinem Zimmer aber auch nicht verhindern. Das Gelage flog auf. Die beiden Jungen hatten es entschieden übertrieben und sich ganz furchtbar betrunken. Paul hatte geschickt dafür gesorgt, dass Hilfe kam. Damit war er allerdings auch irgendwie „drin". Da er aber zu Beginn quasi überrumpelt worden war und am Ende auch Verantwortungsbewusstsein gezeigt hatte, waren nur die beiden anderen Jungen bestraft worden. Zwei Tage nach diesem Vorfall kam Paul dann mit dem ausdrücklichen Wunsch nach einer Bestrafung. Schließlich habe er ja auch die Internatsregeln gebrochen. Er war beteiligt und hatte Schuld auf sich geladen. Es war deutlich: Paul wollte nicht als „Opfer" der beiden Mitschüler oder der Umstände dastehen. Fazit: Paul hat seine (milde) Strafe bekommen.

Der Umgang mit Petzen beziehungsweise mit Zutragen von Informationen durch Schüler über Mitschüler an den Lehrer stellt diesen vor komplexe methodische Herausforderungen.

P. Mertes: Ein Schüler meiner Klasse trägt mir zu, dass ein Junge von anderen dauernd fertiggemacht wird. Da gilt auf jeden Fall das Prinzip, dass man beide Seiten hören muss: audiatur et altera pars. Meine erste Frage an den Zuträger lautet also, ob ich seine Information verwenden darf. Meistens wehrt dieser ab, weil er üble Konsequenzen für sich befürchtet. Selbstverständlich respektiere ich das. Ich sage ihm allerdings auch, dass ich mich ihm gegenüber dann nicht rechenschaftspflichtig fühle für das, was ich getan habe. Eine andere Situation ist gegeben, wenn der Zuträger erlaubt, dass ich dem Täter sage, von wem ich die Information habe. In der Regel sind das Zuschauer, die nicht mehr Zuschauer sein wollen. Es gibt sogar Fälle, dass jemand das Problem offen in der Klasse anspricht. Und dann kann ich als Lehrer nur sagen: „Danke! Erster Punkt, der zu klären ist: War das jetzt Petzen?" Dann diskutieren wir über diese Frage. Zugleich nutze ich die Gelegenheit für eine schulpolitische Definition des Begriffs Petzen – was meines Erachtens jede Schule machen muss. Die Definition lautet: Petzen bedeutet, zum Lehrer gehen, einen anderen Schüler anzeigen und Druck machen, dass er bestraft wird, selber aber anonym bleiben.

Selbstverständlich gibt es Extremfälle, in denen ich den Zuträger schützen muss, um den Täter in flagranti erwischen und Gewalt verhindern zu können. Dann schütze ich den Zuträger, indem ich glatt lüge: „Ich weiß das. Punkt. Das hat mir niemand zugetragen." Oder indem ich eine Geschichte erfinde, bei der die Verantwortung ausschließlich bei mir liegt: „Ich habe es rausbekommen. Niemand brauchte mir etwas zu sagen."

Klarheit schaffen, was Petzen ist und was nicht, ist schon deshalb nötig, damit Schüler, die sich offen gegen Mobbing wenden, nicht gemobbt werden. Der zweite Schritt in dem erzieherischen Prozess muss je nach Situation gewählt werden. Eine Methode ist, zuerst einmal nicht in der Klassenöffentlichkeit darüber zu sprechen beziehungsweise klar zu sagen: „Egal, wer jetzt schuld ist, die Schuldfrage ist hier nicht entscheidend. Entscheidend ist: Es gibt bestimmte Dinge, für die es keine Entschuldigung gibt. Wer sie macht, ist Täter und verantwortlich dafür. Gewalt ist kein Mittel der Konfliktlösung in unserer Schule."

Der nächste Schritt sind Einzelgespräche: „Erzähl mal." Dann höre ich vier, fünf verschiedene Geschichten, alle hochkomplex, oft lange zurückliegend, aus denen sich sehr diffizile Beziehungsprozesse ergeben, die jeweils unterschiedlich gewertet werden müssen. Wer in der Gruppe ist der Anführer, wer sind die Mitläufer? In dem Moment, in dem ich mit jedem einzeln geredet habe, zerfällt der Zusammenhalt der Gruppe, weil keiner vom anderen weiß, was er gesagt hat. Oft verschwindet dann auch ein Teil der Gewalt. In bestimmten Fällen muss ich erkennbar Strafen verhängen, damit auch schulöffentlich sichtbar wird, dass wir darauf reagiert haben. Insgesamt ist ein komplexes Verfahren nötig. Ich kann es nicht auf ein rein disziplinarisches Problem reduzieren, sondern ich muss hören und begreifen, was dahinter steckt.

Leugnen zwecklos. Jede Schule hat Probleme

Natürlich kostet es viel Zeit, den Schülern zuzuhören, mit Kollegen über einzelne Schüler zu sprechen, sich zu beraten und Verfahren zu überlegen, wie Konflikte ohne neue Gewalt gelöst werden können. Die allermeisten Lehrer nehmen sich diese Zeit. Sie leben ihren Beruf ohnedies so, dass er über die Betätigung am Vormittag weit hinausgeht. Wenn es gelingt, Gewaltkonflikte in Lerngruppen nicht bloß durch eine disziplinarische Maßnahme zu klären, sondern durch einen Prozess, in dem auch Selbsterkenntnis ermöglicht wird, und wenn diese Selbsterkenntnis im alltäglichen Kontakt der Schüler untereinander öffentlich sichtbar wird, dann hat das segensreiche Wirkungen auf die Schulatmosphäre als Ganze. Jeder kann darauf vertrauen: Solche Konflikte lassen sich tatsächlich auflösen.

Ein Schlüsselsatz für Schule muss sein: Es kommt nicht darauf an, bestimmte Probleme nicht zu haben, sondern es kommt darauf an, wie man mit ihnen umgeht. Eine Schule kann sich – außer im Sinne eines Ideals – nicht vornehmen, frei von Gewalt, von Mobbing, von Drogen, von Alkohol zu sein. Sie hat nicht etwa versagt, weil diese Probleme in ihr vorkommen. Sondern sie versagt, wenn sie schweigt oder Schweigen verordnet. Sie muss mit solchen Problemen als Tatsache rechnen und erkennbar versuchen, sie aufzulösen. Andernfalls setzt sie sich unter einen Druck, der wiederum zu Gewalt führt.

Selbstverständlich hat Schule immer ein Interesse an einer schönen Außendarstellung. Aber das Erziehungsgeschehen ist viel zu ernst, um dieses legitime Interesse nicht den großen Fragen unterzuordnen, die nur dadurch gelöst werden können, dass sie auch öffentlich erkennbar angesprochen werden.

Die Dritte Dimension

Einer gängigen Unterscheidung zufolge wird mit „Schuld" die Tat eines „Täters" gegenüber einem „Opfer" bezeichnet, während eigentlich erst mit dem Begriff „Sünde" die religiöse Dimension der Tat gegenüber Gott angesprochen ist. Wenn ein Täter ein Opfer schädigt (bestiehlt, schlägt, misshandelt, belügt, erpresst), dann wird der Täter nicht nur gegenüber dem Opfer „schuldig", sondern er „versündigt" sich auch gegenüber Gott – so ähnlich wie jemand, der ein Kind misshandelt, nicht nur das Kind misshandelt, sondern auch dessen Mutter.

Der Zusammenhang zwischen „Schuld" und „Sünde" kann aus christlicher Sicht nicht auf die ausdrücklich Gläubigen reduziert werden, nach dem Motto: Gläubige Menschen „sündigen", während nicht-gläubige Menschen nicht „sündigen" können, weil sie gar nicht an Gott glauben. Es ist nämlich völlig gleichgültig, ob ein Mensch an Gott glaubt oder nicht – wenn er einem anderen eine schlimme körperliche oder seelische Verletzung zugefügt hat, kann dieser Vorgang nicht auf die Zweier-Beziehung zwischen Täter und Opfer reduziert werden, während die „dritte Dimension" aus diesem Geschehen ausgeblendet wird. Es gibt sie aber, diese weitere Dimension.

Die „dritte Dimension" tritt im Schulbetrieb hervor, wenn es um das Verhältnis von Tätern zu Opfern geht. Ein Beispiel: Eine Schülerin findet seit einigen Wochen auf ihrem Pult ehrverletzende Äußerungen über sich, anonyme Briefe kursieren in der Klasse, die sich über ihr Aussehen lustig machen. Sie wird mit Worten aus dem Bereich des sexuellen Fäkalvokabulars belästigt. Die Täter fliegen auf, und es kommt zu einer Gegenüberstellung zwischen Tätern und Opfer. Eine Klassenkonferenz wird anberaumt, die über eine scharfe disziplinarische Maßnahme entscheiden soll. Kurz vor Beginn der Konferenz erscheint eine Abordnung der Klasse zusammen mit dem betroffenen Mädchen beim Klassenlehrer und bittet darum, die disziplinarische Maßnahme nicht zu verhängen, da sich das Mädchen mit den Tätern ausgesöhnt habe.

Soll die Klassenkonferenz diese Bitte annehmen oder nicht? Es gibt vielerlei Gründe, nein zu sagen. Vielleicht ist die Schülerin von den Mitschülern unter Druck gesetzt worden; vielleicht hat sie nachträglich entdeckt, dass der Vorgang sie gar nicht so schlimm verletzt hat. Alles zugestanden. Doch der entscheidende Grund, warum eine Klassenkonferenz trotz angeblichen oder tatsächlichen Opfer-Täter-Ausgleichs ihrerseits tätig zu werden hat, kann nur darin liegen, dass die „dritte Dimension" im Täter-Opfer-Verhältnis auch schulintern anerkannt und repräsentiert wird. Wenn Schuld immer auch „Sünde" ist, dann hat dies für den säkularen Schulbetrieb die Konsequenz, dass die Schulautorität sich selbst als Repräsentantin der „dritten Dimension" im Opfer-Täter-Verhältnis beteiligt sehen muss und das Problem der Schuld nicht einfach nur auf die Beziehung zwischen Opfer und Täter reduziert.

Die Schulautorität kann sich in Täter-Opfer-Verhältnissen auch nicht auf die Rolle der Konfliktmoderation zurückziehen. Diese kann und soll helfen, gegenseitiges Verstehen von Konfliktparteien zu ermöglichen, um diese Konfliktparteien abzubauen und die entsprechenden Blockierungen für die Lerngruppe aufzulösen. Unbestritten ist auch, dass in diesen Konflikten meist gegenseitige Beschuldigungen stattfinden, nach dem Schema: Ich bin das Opfer, der andere ist der Täter. Aber wenn nach dem eigenen Urteil der zuständigen Autorität ein Opfer-Täter-Verhältnis vorliegt, dann liegt der Vorgang auf einer anderen Ebene als auf der von „Konflikten" zwischen Einzelpersonen. Täter und Opfer werden nicht dadurch zu Tätern und Opfern, dass sie einen Konflikt miteinander haben, sondern dadurch, dass die einen den anderen etwas Schlimmes antun. Mit diesem „Schlimmen" ist aber die „dritte Dimension" involviert.

Wenn Täter sich als Opfer sehen

Immer wieder kommt es vor, dass ein Opfer nicht versteht, warum es Opfer ist. Es glaubt zu versagen, entwickelt Schuldgefühle. Deshalb ist es bereit, alles Mögliche zu tun, um zu der Gruppe, die es peinigt, dazuzugehören. In einem konkreten, gar nicht so seltenen Fall verlangte die angesagte Mädchen-Clique von einer Klassenkameradin, die unbedingt anerkannt werden wollte, Klau-„Aufträge" zu erfüllen. Natürlich wusste das Mädchen, dass es eine Straftat beging. Trotzdem ließ es sich demütigen. Es zog nachmittags durch die Kaufhäuser und übergab am nächsten Morgen seinen Peinigerinnen die gestohlenen Uhren, Kosmetikartikel und CDs. Das flog auf. Die meisten Mädchen dieser Clique waren sich kaum einer Schuld bewusst. Im Gegenteil. Eine signifikant hohe Zahl war mitsamt den Eltern der

Meinung, die einzige strafwürdige Aktion sei das Klauen gewesen. Dass die Schule disziplinarisch gegen die Diebin und gegen die Auftraggeberinnen vorging, wurde von etlichen Betroffenen – Schülerinnen und deren Eltern – als Kollektivstrafe angeprangert. Es dauerte mehrere Wochen mit vielen Gesprächen, bis alle eingesehen hatten, dass sie Täterinnen geworden waren. Die Strafe war in diesem Fall die Voraussetzung dafür, dass der Prozess der Selbsterkenntnis möglich wurde.

Sanktionen sind aus vielen Gründen gerechtfertigt. Ein Grund – ein gewichtiger – ist der Opferschutz. Der wesentliche pädagogische Zweck einer Strafe ist jedoch, dass sie dem Täter, biblisch gesprochen, Umkehr ermöglicht, Einsicht. Und zwar nicht, weil man jemandem durch die Strafe etwas beibringt, sondern weil sie den Täter mit der Wirklichkeit konfrontiert.

Ein Beispiel: Ein Achtklässler geht zwei Monate lang Händchen in Händchen mit einer Mitschülerin. Dann bricht die Beziehung zwischen den beiden zusammen. Das Mädchen sitzt weinend im Unterricht. Eine Woche später veröffentlicht der Junge die Liebesbriefe des Mädchens in der Schule, und alle lachen über die Briefe. Ein Gespräch mit dem Jungen bringt nichts; er ist fest davon überzeugt, dass die Tränen des Mädchens Krokodilstränen sind. Die Aufgabe der Strafe ist, ihm klarzumachen, dass er irrt. Er muss begreifen, dass seine Interpretation der Tränen als Krokodilstränen eine Täuschung über die Wirklichkeit ist.

Man kann einen solchen Täter mit einem Geisterfahrer vergleichen, der alle ihm entgegenkommenden Autos für Geisterfahrer hält. Es muss krachen, damit er begreift, dass er der Geisterfahrer ist. Es gibt keine Möglichkeit, die Frage offen zu lassen, wer der Geisterfahrer ist. Auf den Schüler übertragen: Er muss nicht nur einsehen, dass man so nicht mit Gefühlen und höchst privaten, wenn nicht intimen Äußerungen eines anderen Menschen umgeht; vielmehr muss er auch einsehen, dass er eine verkorkste Wahrnehmung der Wirklichkeit hat. Die Strafe muss einen Prozess auslösen, in dem er seine Wahrnehmung und sein Handeln hinterfragt.

Hinzu kommt, dass in schwerwiegenden Fällen Versöhnung erst möglich ist, wenn der Täter die Strafe eingesehen und abgegolten hat. Ein einfacher Handreichungsgestus wie bei Streitereien auf dem Kinderspielplatz reicht nicht. Das Mädchen ist vor der gesamten Jahrgangsstufe bloßgestellt worden, also muss es auch in dieser Öffentlichkeit Genugtuung erfahren – ohne dass wieder jemand bloßgestellt würde. Die Institution Schule muss auf eine öffentliche Gewalttat öffentlich reagieren. Wenn sie vor Gewalt kapituliert, erzeugt sie Gewalt.

8 Mobbing – die alltägliche Gewalt

Wenn sich Eltern bei der Schule über ein Mobbing-Problem beschweren, das ihr eigenes Kind betrifft, ist die Schule gefragt, nicht das Elternhaus. Es nützt kein Stöhnen der Lehrer über Elternhäuser, aus denen angeblich und tatsächlich „solche Kinder" kommen. Es nützen keine klugen Diskurse über außerschulische Ursachen von innerschulischen Problemen. Es nützt auch kein Drängen der Eltern, die Schule solle das tun, was sie, die Eltern, aus der Perspektive ihres Sohnes oder ihrer Tochter heraus in dieser Situation für „zwingend notwendig" halten. Nein, die Schule muss die Situation als eine Problematik der konkreten Lerngruppe annehmen, indem sie die Stellvertretung der Eltern für ihr Kind auflöst. Das kann durch die Bitte des Lehrers geschehen, das Kind solle selbst zu ihm kommen und ihm seine Situation schildern, denn „erst dann kann ich etwas tun".

So zu reagieren mag erst einmal brüsk wirken, weist aber die Beschwerde nicht zurück. Im Gegenteil. Es hilft dem Schüler oder der Schülerin, sich selbst nicht mehr als schwach oder minderwertig zu sehen. Wer „ich" sagt, statt sich von Eltern oder anderen Autoritäten vertreten zu lassen, beweist Mut. Erste Schritte zu diesem Mut werden seitens der Schule dadurch ermöglicht, dass der angesprochene Lehrer Vertraulichkeit zusagen kann – und dies vom System Schule her auch darf.

Obwohl es im Prinzip keine richtige Alternative zu diesem Weg des Ich-Sagens gibt, versuchen viele Eltern und Lehrer, Mobbing-Probleme anders zu lösen. In der Regel ohne den erhofften Effekt, denn vor allem das Bullying, wie systematische Aggressionen unter Schülern genannt werden, braucht oft keinen Anlass, sondern entlädt sich willkürlich.

Exkurs: Wann es gut ist, Ich zu sagen

Ein typisches Beispiel, das jede Schule kennt und, aller Präventionsarbeit zum Trotz, wohl nie ganz verhindern kann: Eine Gruppe von Schülern (vielleicht Fritz und seine Clique) belästigt einen Mitschüler (Willi). Vor allem Fritz tut sich mit „Scherzen" hervor, die Willi weh tun, und fast alle Klassenkameraden machen sich über sein leichtes Schielen (oder Stottern, Übergewicht, uncoole Sweatshirts) lustig. Weil Willi nicht verbergen kann, dass er leidet, funktioniert das „Spiel" immer wieder. Irgendwann weint sich der Junge bei seinen Eltern aus. Diese rufen empört bei den Eltern von Fritz an, die ihren Sohn streng ermahnen. Für Fritz ist Willi seitdem eine Petze. Zusammen mit seiner Clique sucht er nach Möglichkeiten zur Rache. Die Spirale der Gewalt in der Klasse ist um eine Windung höher gedreht.

Willis Eltern könnten auch beim Klassenlehrer anrufen und sich über Fritz und seine Clique beschweren. Dem Klassenlehrer ist diese Information neu. Bisher war ihm der Konflikt nicht aufgefallen, allenfalls, dass ihn seit längerer Zeit eine latente Unruhe in der Klasse stört, insbesondere während der kurzen Pause. In der Tat wissen Schüler ihre Auseinandersetzungen meist gut zu verbergen, solange ein Lehrer in der Klasse ist. Sobald er den Rücken kehrt, drehen sie auf. Nun also nimmt der Lehrer die Beschwerde von Willis Eltern zum Anlass, um Fritz zu sagen, er möge seinen Mitschüler nicht mehr belästigen. Die Wirkung ist dieselbe wie bei dem Eltern-Eltern-Kurzschluss: Fritz und seine Freunde sind wütend auf die „Petze" Willi. Die Spirale der Gewalt in der Klasse ist um eine Windung höher gedreht.

Natürlich könnte der Lehrer auch vor die Klasse treten und öffentlich missbilligen, dass sich „seine" Schülerinnen und Schüler über ein körperliches Gebrechen eines Klassenkameraden lustig machen. Der Lehrer weiß, dass es riskant ist, einen Schüler mit einem äußeren Merkmal öffentlich zu kennzeichnen und ihn noch mehr auf die Äußerlichkeit und die damit verbundene Opferrolle festzulegen. Doch um die Elternbeschwerde nicht zu ignorieren und um die „Scherze" künftig zu unterbinden, geht er das Risiko ein. Alle Schüler schweigen betroffen; sie wissen ja, worum es geht. Durch die vom Lehrer hergestellte Klassenöffentlichkeit ist der Druck auf die „Täter" erhöht. Mit großer Wahrscheinlichkeit werden sie irgendwann den Druck an Willi weitergeben. Die anderen werden ihr Zuschauer-Sein als immer quälender empfinden, je weniger sie es aus eigener Kraft schaffen, dazwischenzutreten. Zugleich sehen sie Willi immer mehr als den „Schieler", als das ewige „Opfer", das die anderen zu „Tätern" macht.

Eine andere Option wäre, dass der Lehrer den ihm von Willis Eltern zugetragenen Vorfall zum Anlass für eine Klassenlehrerstunde nimmt mit dem Lernziel, die Schüler erkennen zu lassen, dass es nicht fair ist, wenn sich mehrere auf einen stürzen; dass es nicht in Ordnung ist, sich bei einem Menschen über etwas lustig zu machen, wofür er nichts kann; dass die Zuschauerrolle keine unschuldige Rolle ist, und so weiter. Doch die angezielten Lernerkenntnisse sind für die Schüler nicht wirklich neu. Sie haben ja bei den „Scherzen" gegen Willi mitgemacht oder zugeschaut, obwohl sie gespürt haben, dass dies nicht in Ordnung war. Vor allem aber erkennen alle den Anlass, der hinter der Klassenlehrerstunde steht. Damit ist der Druck des Problems auf die ganze Lerngruppe übertragen. Das Risiko bleibt also, dass die Eskalationsspirale auch durch die Lehrerintervention um eine Windung höher gedreht wird.

Theoretisch bestünde auch die Möglichkeit, dass der Lehrer nach der Beschwerde von Willis Eltern mit den Eltern von Fritz spricht, um gemeinsam mit ihnen eine Verhaltensänderung bei Fritz zu bewirken. Die Wirkung dürfte dieselbe sein, wie wenn sich die Eltern von Willi direkt an die Eltern von Fritz wenden.

Es wäre ferner denkbar, einen Elternabend mit dem Vorgang zu befassen. Der Klassenlehrer setzt das Stichwort „Klassensituation" auf die Tagesordnung und bittet die Eltern, später zu Hause mit ihren Kindern darüber zu reden, dass sie „Scherze" gegenüber Mitschülern unterlassen, die keine Scherze sind. Alle anwesenden Eltern fragen sich, ob ihr eigenes Kind zu denen gehört, die mobben. Zwar besteht nach außen Einmütigkeit in der Verurteilung von solchen angeblichen Scherzen, doch über die Beziehungsdynamik zwischen den Eltern ist damit nichts gesagt. Natürlich werden die Eltern zu Hause ihren Kindern Fragen zur Klassensituation stellen. Und natürlich werden deren Antworten ihre jeweilige Perspektive auf die Situation in der Klasse beziehungsweise auf den Konflikt zwischen Willi und Fritz samt Clique widerspiegeln.

Bereits beim nächsten Elternabend über die Klassensituation hat sich die Gesprächssituation verändert, denn alle Eltern hören die allgemeinen Informationen über die Schüler, die „Opfer", „Täter" oder nur „Zuschauer" in dem Konflikt sind, mit einem Begleittext, den sie von ihren eigenen Kindern im Ohr haben. Je nachdem, wie sie ihr eigenes Kind in dem Konflikt situiert sehen, fühlen sie sich persönlich angesprochen oder auch nicht. Am Ende führt das dazu, dass die Kommunikationssituation innerhalb der Elternschaft einer Klasse die Situation in der Klasse selbst widerspiegelt. Gelöst ist damit kein einziges Problem der Klassensituation – ganz abgesehen davon, dass durch die häuslichen Gespräche der Problemdruck, den es in der Klasse zwischen den Jugendlichen gibt, über den Lehrer und den Elternabend wieder in die Klasse zurückgegeben worden ist.

Letztlich bleibt nur eine Möglichkeit, um aus der kontraproduktiven Verstrickung von Zuständigkeiten zwischen Elternhaus und Schule herauszukommen: Probleme, die in der Schule auftreten, müssen in der Schule bearbeitet werden. Am wichtigsten wäre dabei, eine Gelegenheit zu schaffen, die es Willi ermöglicht, Fritz direkt mit seinem Verhalten zu konfrontieren, zum Beispiel: „Ich weiß, dass ich schiele, aber ich finde es nicht fair, dass du mich deswegen dauernd hänselst."

Oft schrecken Erwachsene davor zurück, Kindern dieses Ich-Sagen vor der Klasse als Perspektive zur Lösung anzubieten. Kinder sind jedoch mutiger, als Eltern und Lehrer häufig denken. Der Mut eines Kindes kann auch viel besser geschützt werden, wenn er sich öffentlich zeigt, weil alle Schüler in der Klasse sofort einsehen werden, dass Willi nun einen besonderen Anspruch auf Schutz hat. In einem anderen Falle erzählte eine Schülerin, dass sie nach drei Jahren Hänselei für sich selbst geklärt hatte, dass sie gar keinen Wert mehr darauf legt, dass ihre Mitschüler mit den verbalen Attacken aufhören, nach dem Motto: „Ihr seid mir nicht wichtig. Ich interessiere mich nicht mehr dafür, zu euch zu gehören." Ein halbes Jahr später wurde sie zur Klassensprecherin gewählt.

Die Strafe kann nicht warten

Schüler müssen sich darauf verlassen können, dass Lehrer nicht alles wissen oder reglementieren wollen, was sie tun – solange sie die Regeln von Sitte und Anstand einhalten. Werden Grenzen verletzt, muss ein Lehrer einschreiten. Das ist beispielsweise dann der Fall, wenn Jugendliche in der Schülerzeitung oder am Schwarzen Brett über Mitschüler herziehen; es ist auch dann geboten, wenn sie ihr Verliebtsein provozierend vorführen; es gilt selbstverständlich auch bei Cybermobbing, wenn der Lehrer genau weiß, worum es geht: wer Täter und wer Opfer ist.[27]

P. Siebner: Mir wurde zugetragen, dass ein jüngerer Schüler im schülerVz übel gemobbt würde. Ich beziehungsweise die Schule müsse dagegen angehen. Um das beurteilen zu können, musste ich wissen, was geschehen war. Was tun? In dieses Online-Netzwerk kommt man nur auf Einladung rein; zudem gibt es ein Höchstalter von 21 Jahren. Ein Oberstufenschüler hat sich bereit erklärt, mich einzuladen, und ich habe mich mit Klarnamen, aber geschöntem Alter angemeldet. Die Schüler unserer Schule haben mich sofort erkannt. Insofern habe ich offen als Lehrer agiert und keine Grenze verletzt. Die Mogelei mit dem Alter war der „Preis", damit der Täter entdeckt und bestraft werden konnte und dem Opfer Gerechtigkeit widerfuhr.

Es ist ungeheuer wichtig für die Schüler, dass die Institution Schule auf eine öffentliche Gewalttat öffentlich reagiert. Schule darf vor Gewalt nicht kapitulieren. Nur dann sind die Schüler bereit, ihr zu vertrauen. Eine der großen Quellen für Gewalt in der Schule ist das Wegsehen, Abwiegeln und Vertuschen, wenn getriezt, gemobbt, gelogen und gestohlen wird. Es gilt allerdings behutsam abzuwägen, ob und wann eine Einmischung der Schule als Institution geboten ist. Mit gutem Grund lässt sich sagen (wir wiederholen uns): Das, was die Schüler außerhalb der Schule – zum Beispiel im Sportverein, bei der Stadtmusik oder eben bei schülerVz – machen, geht die Schule zunächst nichts an. Hier sind als Erstes die Eltern gefragt. Wenn es sich allerdings um ein öffentliches Vergehen handelt, wenn der Lehrer beziehungsweise die Schule um Hilfe gebeten wird und das Elternhaus sich überfordert zeigt (es gibt bei Eltern in Bezug auf die „sozialen Netzwerke" ihrer Kinder vielfach eine erschütternde Ignoranz oder Hilflosigkeit), dann kann die „Einmischung" geboten sein.

In der Tat, Schule ohne Disziplin gelingt nicht. Wer grob gegen die Schulordnung verstößt, wer die Würde eines Mitschülers oder eines Lehrers verletzt, muss mit Konsequenzen rechnen. Bei besonders schweren Vergehen wie dem sogenannten Happy Slapping – eine Gruppe schlägt auf einen Mitschüler ein; ein weiterer Schüler filmt den Vorgang mit dem Handy, um ihn später im Internet auszustellen – muss die Strafe, zumal wenn die Täter in flagranti erwischt werden, sofort einsetzen, denn mit „lustigem Schlagen" hat diese Art der Körperverletzung und Demütigung ganz und gar nichts gemein. Ein Lehrer, der in der Klasse oder auf dem Pausenhof mitbekommt, wie mehrere Schüler einen anderen verprügeln oder auf andere Weise erniedrigen, muss direkt einschreiten – und zwar, weil er das Opfer schützen muss. Die Sanktion, die er unmittelbar zu verhängen hat, muss den Zweck haben, Täter und Opfer zu trennen, beispielsweise durch sofortige Suspension der Täter vom Unterricht. Erst im zweiten Schritt wird eine disziplinarische Maßnahme überlegt, etwa die zeitweise Versetzung der aggressiven Schüler in eine andere Klasse. Die Schule kann dabei die Ausführung der Strafe nicht davon abhängig machen, dass der oder die Täter den Sinn dieser Maßnahme eingesehen haben und ihr zustimmen. Einsicht ist oft erst die Frucht der disziplinarischen Maßnahme.

Im Notfall ein Dixi-Klo

Schüler und Schülerinnen stehen während der Unterrichtszeit inner- und außerhalb des Schulgebäudes unter dem besonderen Schutz der Lehrkräfte. Sinn dieser Aufsichtspflicht der Schule ist es ja, Kinder und Jugendliche und auch die Schule vor Schaden zu bewahren. Das heißt allerdings nicht, dass Lehrer alle Schüler stets unmittelbar beaufsichtigen oder gar selbst zum Ermittler werden müssen, wenn ein Schüler gegen die Schulordnung verstößt.

Selbstverständlich kann es extreme Situationen geben, in denen es richtig ist, dass sich ein Lehrer auf die Lauer legt, um einen Übeltäter zu erwischen. Aber die Entscheidung, diese Rolle einzunehmen, muss im Fall der Fälle auch vor der Öffentlichkeit der Schüler zu rechtfertigen sein. Wenn jedoch Lehrer eine Big-Brother-Funktion zu ihrem Selbstverständnis machen, wird grundlegendes Vertrauen zerstört.

P. Mertes: An unserer Schule gab es Probleme mit Vandalismus auf den Jungentoiletten. WC-Deckel wurden zerstört, Abflüsse verstopft und der Boden verunreinigt. Natürlich hätte ich eine Unterrichtsstunde anberaumen können, warum Vandalismus gefährlich oder schlecht ist. Aber das weiß ohnedies jeder Schüler. Außerdem hätte das dem Täter zuviel Öffentlichkeit beschert. Beim ersten Mal habe ich den Hausmeister gebeten, für Sauberkeit zu sorgen. Nach dem zweiten Mal habe ich die Toilette schließen lassen mit dem Hinweis: Wegen Vandalismus drei Tage gesperrt. Wochenlang ging das so hin und her. Dann war der Punkt erreicht, mich mit der Lehrerschaft zu beraten. Einige Lehrer wollten auf die Schüler Druck machen, schließlich gebe es Grenzen der Schülersolidarität. Andere wären auch bereit gewesen, die Toiletten während der Pause heimlich zu überwachen. Aber dem widerstrebte mein Gefühl für die Würde des Lehrerberufs. Außerdem muss es in der Schule – wie im Leben – Bereiche geben, die sich prinzipiell der Kontrolle entziehen. Das heißt, positiv ausgedrückt: Die Schüler selbst müssen ein Sauberkeits-, ein Anstandsempfinden entwickeln. Sie müssen aus eigener Einsicht und Verantwortung handeln, und nicht durch ein funktionierendes Disziplinierungs- und Ermittlungssystem dazu gebracht werden.

Wie also den Schülern klar machen, dass es ein Problem gibt? Als brüllender oder enttäuschter Schulleiter vorn zu stehen – das wirkt nicht. Also haben wir eine Zeichen-Handlung gesetzt. Wir haben alle Jungentoiletten im Haus geschlossen und zwei Dixi-Klos auf den Schulhof gestellt. Die Folge: Riesenempörung bei Schülern und Eltern, wir hätten eine Kollektivstrafe verhängt. Übrigens haben wir am nächsten Tag die erste Jungentoilette wieder geöffnet. Die Oberstufenversammlung erklärte, dass die Schule versagt habe: Sie müsse den Schülern beibringen, nichts mutwillig zerstören. Als ob die Schule dafür zuständig wäre, Schülern so etwas beizubringen! Gewiss, sie hat eine Mitverantwortung dafür, sie kann entsprechende Bedingungen schaffen, aber grundlegender Anstand und Anstandseinsichten können letztlich nur von innen her wachsen.

Als Erstes habe ich klargestellt, dass die Dixi-Klos keine Kollektivstrafe seien, sondern ein Signal, mit dem wir in der Schulöffentlichkeit klarmachen wollten: Wir haben ein Problem. Danach habe ich erklärt, dass es zwei Möglichkeiten gebe: „Entweder ihr Schüler regelt das selbst, indem ihr den Täter von weiteren Aktionen abbringt. Oder ihr vergesst die Schülerloyalität und meldet ihn dem Direktor." Für diesen Fall habe ich absolute Diskretion versprochen. Tatsächlich ist dann ein Schüler zu mir gekommen und hat im „Heiligenkalender", einem Heft, in dem alle Schüler mit Foto sind, den Täter identifiziert. Ich habe mir den Schuldigen sofort geholt und ihn vor die Alternative gestellt: „Entweder du redest mit deinen Eltern und kommst dann zu mir. Oder du entscheidest dich zu leugnen, dann werde ich auf das Leugnen reagieren." Der Junge wurde sofort vom Unterricht suspendiert, und am nächsten Tag kam er mit seiner Mutter und hat alles gestanden.

Es war zunächst nicht wichtig zu fragen, warum der Schüler das getan hat, denn es gibt keine mögliche Antwort, die den Akt rechtfertigen würde. Der erste Schritt musste sein, den Vandalismus zu beenden und ein klares Verfahren zu haben. Das heißt, zuerst musste klar sein, dass er es gemacht hat und dass ich – völlig unabhängig davon, warum er es gemacht hat – disziplinarisch darauf reagiere. Wenn der Junge die disziplinarische Maßnahme angenommen hat, dann frage ich, was hinter seiner Zerstörungswut steckte.

9 Sucht – die großen Verführer

Jugendliche könne man nur mit Strafen vor Drogen, Alkohol und Rauchen bewahren, erklärt Bernhard Bueb, schließlich seien sie „ungefestigte Persönlichkeiten und solchen ‚Verführern' nicht gewachsen".[28] Das klingt etwas altväterlich, trifft im Kern aber zu. Es hat seinen guten Grund, warum die interne Schulordnung so gut wie jeder weiterführenden und beruflichen Schule einen Passus enthält, der Rauchen, Alkohol und Drogen im Schulgebäude und auf dem Schulgelände verbietet; in etlichen Bundesländern können sie sich dafür auf ein Verbot des Kultusministeriums berufen.

P. Mertes: Grundsätzlich gilt auch an unserer Schule ein absolutes Rauchverbot. Allerdings gibt es auf dem Schulgelände den sogenannten Raucherfelsen, eine Grauzone. Wenn ich ab und zu dorthin gehe, treffe ich immer auf mindestens einen rauchenden Schüler. Was tun? Ich könnte auf die Schulordnung verweisen, aber mit „rheinischer Dialektik" fahre ich besser. Ich sage also zu dem Schüler: „Wenn du auf dem Schulgelände rauchst, ist das nicht schlimm. Wenn ich sehe, dass du rauchst, ist das auch nicht schlimm. Aber wenn du siehst, dass ich das sehe, dann muss ich doch einschreiten. Oder?" In jedem Fall ist die Zigarette sofort weg.

Mit dieser Art der Dialektik in Grauzonen signalisiere ich zunächst, dass die Schulordnung grundsätzlich gilt; ich signalisiere zugleich, dass es in der Schule so etwas wie Ermessens- und Öffentlichkeitsräume gibt, in denen die Lehrerin oder der Schulleiter nicht immer präsent sein müssen; darüber hinaus signalisiere ich, dass ich diese Grauzonen respektiere in den Fällen, in denen es nicht um moralische Fragen höheren Ernstes geht.

P. Siebner: Für den Umgang mit Alkohol gelten im Internat klare Regeln. Jeder Internatsschüler kennt sie samt Sanktionen, die Eltern auch. Die Regel lautet: Außer im Partykeller, in dem zweimal in der Woche auch Bier und Wein an Schülerinnen und Schüler ab der zehnten Jahrgangsstufe ausgeschenkt wird, gilt Abstinenz. Die Jugendlichen wissen, dass sie sich auch außerhalb des Hauses, wenn sie in ihrer Freizeit zum Beispiel in die Stadt gehen, nicht betrinken dürfen. Trotzdem wird dieses Gebot immer wieder übertreten. Natürlich könnten wir regelmäßige Stichproben machen. Wir haben ein Alkohol-Testgerät und können auch eine Urinprobe bewerkstelligen. Aber wir wollen die Schüler nicht unter einen grundsätzlichen Verdacht stellen. Anders als in anderen Internaten, wo jeden Morgen ein Schüler ausgelost wird und eine Urinprobe abzugeben hat, gehen wir nur bei einem erkennbaren Anlass auf den Jugendlichen zu und lassen ihn pusten oder eine Probe abgeben. Es kann im Einzelfall auch sinnvoll sein, die ganze Heimkehrergruppe zum Alko-Test zu bitten. Aber wir lehnen es ab, jeden sechsten oder zehnten oder wievielten Schüler, der abends nach Hause kommt, zu kontrollieren, nur weil ein grundsätzlicher Verdacht besteht, dass Jugendliche in der Kneipe über den Durst trinken.

Natürlich tun sie das hin und wieder. Trotzdem wird kein obligatorisches Kontrollsystem eingeführt. Warum zum Beispiel sollte das Testergebnis irgendeines zufällig bestimmten Schülers den Verdacht gegen andere ausräumen? Es ist wie beim Doping: Jemand wird kontrolliert, weil er für die Stichprobe gelost worden ist. Und wer nicht erwischt wird, weil er nicht ausgelost wurde, hat halt Glück gehabt. Nein, es ist nur eine vermeintliche Gerechtigkeit, wenn am Anfang der Verdacht steht, jeder könnte Schuld auf sich geladen haben.

Wir gehen den mühsameren Weg, der manchmal schmerzhafter ist. Denn es gibt auch Tränen: „Warum verdächtigen Sie mich?" Dann muss ich sagen können: „Ich habe einen konkreten Grund, dass du jetzt kontrolliert wirst." Ich kann die Verantwortung, einen Schüler mit Schuld oder einer möglichen Schuld zu konfrontieren, nicht einem Screening oder wem auch immer überlassen. Ich als Pädagoge muss die Verantwortung übernehmen, weil am Ende nur ich sie tragen kann.

Anders ausgedrückt: Der Lehrer muss sich entscheiden, wann er glaubt und wann er nicht glaubt. Aus diesem Dilemma kommt er nicht heraus. Der Glaube ist eben kein irrationaler Akt, sondern er ist ein rationaler Akt. Es gibt Gründe, jemandem zu glauben, und es gibt Gründe, jemandem nicht zu glauben.

Vertrauen macht nicht blind

P. Mertes: Unsere Schule liegt direkt am Großen Tiergarten, einem weitläufigen Stadtpark. Alle – Schüler und Lehrer – wissen: Wer in der Pause einen Joint rauchen will, der geht dorthin. Daraus folgt jedoch nicht, dass jeder Schüler, der mal in den Tiergarten geht, dort kifft. Nun könnte ich ab und zu einen Lehrer bitten, nachzugucken. Ich mache das aber nicht, weil dann die Institution von einer Verdächtigung ausgehen würde; das wiederum widerspricht der grundsätzlich vertrauensvollen Beziehung zwischen Schule, Schülern und Eltern.

Dieses Vertrauen macht jedoch nicht blind. Es gibt Symptome im Verhalten von Schülern, die jeden Lehrer aufmerken lassen müssen. Auffällige Durchhänger, viele unentschuldigte Fehlstunden und Verspätungen im Unterricht können bedeuten, dass ein Schüler kifft. Schon deshalb ist es wichtig, die Präsenz im Unterricht zu kontrollieren. Nun ist in Berlin Oberstufenschülern laut Gesetz erlaubt, während einer Freistunde das Schulgelände zu verlassen. Einen Oberstufenschüler, der im Unterricht immer weniger präsent war und im seltenen Fall seiner Präsenz abwesend wirkte, habe ich direkt gefragt, ob ihm klar sei, dass er unter Verdacht stehe, Drogen zu nehmen: „Du gehst doch in den Freistunden in den Tiergarten, nicht wahr? Deshalb musst du wissen, dass in Lehrer- und Schülerkreisen bekannt ist, dass im Tiergarten auch gekifft wird. Wenn du da hingehst, trägst du eine eigene Verantwortung dafür, verdächtigt zu werden, dass du Drogen nimmst, gerade weil du oft fehlst oder im Unterricht geistig abwesend bist. Ich gebe dir den guten Rat, verhalte dich so, dass du in der Schule nicht das Image abkriegst, zu kiffen. Deshalb eine Schlussfrage an dich: Kiffst du?" Der Schüler schaute mich nur groß an. Also sagte ich: „Komm morgen und beantworte mir diese Frage. Vielleicht kannst du ja vorher deinen Eltern erzählen, dass ich dir diese Frage gestellt habe."

Manche Eltern reagieren schockiert, wenn sie erfahren, dass ihr Kind kifft; andere nehmen es ziemlich locker, etliche erheben den Vorwurf, die Schule würde ihre disziplinarische Verantwortung nicht ausreichend wahrnehmen. Sie hätten recht, solange es sich um kleine Schüler und um Unterrichtszeit handelt. Die schulische Verantwortung endet aber bei der Freizeit aller Schüler einschließlich der Freistunden der Oberstufler. Zwischen Schule und Elternhaus gibt es einen Raum, der mit zunehmendem Alter der Kinder größer wird und in dem sich Jugendliche sowohl der Kontrolle der Schule als auch der Kontrolle der Eltern entziehen – es sei denn, dass sich die Schule selbst die Aufgabe zuschreibt, die Kontrolle zu übernehmen. Der gesellschaftliche Druck, dies zu tun, ist massiv. Nein, Lehrer müssen dem widerstehen. Sie haben nun mal keine Big-Brother-Funktion. Die Enttäuschung mancher Eltern müssen Lehrer aushalten.

10 Lehrer – eine öffentliche Person

Wer erzieht, bringt sich selbst mit ins Spiel. Erzieher, Eltern, Lehrerinnen und Lehrer, Vorbilder, Idole – sie alle bringen sich mit ihrem Wissen und mit ihren Kompetenzen ein. Schon sehr junge Kinder speichern selektiv Informationen, die ihnen Erwachsene vermitteln. Sie bewerten das von Erwachsenen oder älteren Jugendlichen gezeigte Verhalten als das grundsätzlich richtige und internalisieren es als eine Art Standard. Diese alte Erkenntnis hat jetzt eine neue Bestätigung gefunden durch Forscher vom Max-Planck-Institut für evolutionäre Anthropologie[29]. Umso wichtiger ist es, dass Erwachsene Kindern und Jugendlichen respektvoll, ernsthaft und liebevoll begegnen.

Auf die Schule übertragen bedeutet dies: Lehrerinnen und Lehrer müssen sich stets bewusst sein, dass sie eine Vorbildfunktion haben. Diese macht den weitaus größten Anteil ihrer pädagogischen Wirkung auf ihre Schüler aus, fachlich und menschlich, im Guten wie im Schlechten. Wenn Lehrer vor allem negativ über ihr Fach oder den gerade aktuellen Unterrichtsstoff reden – „Ich weiß, der Stoff ist langweilig, aber das steht nun mal im Lehrplan, da müsst ihr durch" –, dann unterdrücken sie das Interesse der Schüler am Thema, statt es hervorzulocken. Sie demonstrieren Lernen als unangenehme Pflicht, statt die Freude an der Sache vorzuleben.

Es ist ungeheuer wichtig, dass Lehrer ihr Fach mit Kompetenz und Leidenschaft unterrichten. Dazu gehört auch, den Schülern zu zeigen, dass sie nie ausgelernt haben, dass sie nicht alles bereits wissen oder zumindest besser wissen. Lehrende sollten sich durchaus beim Lernen zuschauen lassen – was nicht bedeutet, die Aufgaben- und Rollenverteilung zwischen Lehrer und Schüler aufzuheben.[30]

Allein schon durch ihre Ausbildung verfügen Lehrkräfte über ein hohes Maß an Kompetenzen. Dennoch müssen sie sich ständig weiterbilden, denn Jugendliche stellen fachbezogene Fragen, auf die sie kompetente Antworten erwarten dürfen. Damit stellen sie Lehrer jeden Tag neu vor die Aufgabe, ihr Fachwissen zu überprüfen und in ihren Antworten didaktisch so zu reduzieren, dass die Jugendlichen die Chance haben, die Antwort zu verstehen, ohne dass dabei die in der Frage aufgeworfene Problemstellung banalisiert wird. Anders gesagt: Lehrer müssen – in einem positiven Sinne – „terribles simplificateurs"[31] sein, weil sie Wissen nicht nur um der Sache willen erarbeiten, sondern auf die Rezipienten hin. Didaktische Reduktion ist eine berufsspezifische intellektuelle Herausforderung. Zum Lehrerberuf gehört auch hier, sich selbst in einem fortlaufenden Prozess des Lernens zu befinden, der sich aus der Begegnung mit den Schülern ergibt. Denn Reduktion ist ein schöpferischer Vorgang, weit mehr als bloße Vereinfachung.

Authentizität – Schwieriger Balanceakt

Lehrerinnen und Lehrer müssen sich ständig gegenüber Erwartungen abgrenzen, denen sie beziehungsweise die Schule als Institution nicht gerecht werden können. Sie sind damit überfordert, in jeder Situation, in jeder Minute authentisch, klug, liebenswert zu sein. Aber um von jungen Menschen ernst genommen zu werden, müssen Erwachsene eigentlich nur eine Bedingung erfüllen: Sie dürfen sie nicht anlügen. Kinder und Jugendliche spüren sofort, wenn sie belogen werden – noch bevor sie es reflektiert haben.

Im eigentlichen Wortsinn bedeutet authentisch sein, nicht anders zu erscheinen, als man ist, und so zu handeln, wie es den eigenen Überzeugungen entspricht. Also keine faulen Kompromisse einzugehen, sich nicht manipulieren zu lassen. Echt zu sein. Echtheit ist auch das ungeschriebene Gesetz der Popkultur, die den Begriff allerdings neu definiert. Die Popkultur erwartet die Veröffentlichung des Privaten und nennt die Veröffentlichung des Privaten Authentizität. Der gesamte Star- und Starletkult lebt von dieser Extrovertiertheit. Auch Prominente aus Politik, Wirtschaft, Kirche und Kultur machen mit. Manche verstehen, Medien und Event-Industrie virtuos zu benutzen, um Authentizität zu inszenieren.

Anders die Schule. Sie muss allein schon von ihrer Struktur her einen Gegenakzent setzen. Authentizität im Lehrerberuf bedeutet, ein reflektiertes Verhältnis zur eigenen Profession als einem öffentlichen Beruf zu haben. Anders formuliert: Das Verhalten eines Lehrers ist dann authentisch, wenn es sich mit seiner Rolle als Repräsentant der Institution und der Öffentlichkeit deckt. Schüler spüren, wenn ein Lehrer zu dem steht, was er ist. Und sie durchschauen sofort, wenn er auf cool macht, indem er ihre Sprache imitiert, ein Cap aufsetzt oder zerrissene Jeans trägt.

Authentizität im Lehrerberuf bedeutet nicht, in jeder Situation ganz echt im Sinne der Popkultur zu sein. Andernfalls müsste ein Lehrer auch seine Stimmungen und Launen durch das Schulhaus tragen. Er müsste seine Schülerinnen und Schüler daran teilhaben lassen, wenn ihm privat etwas verquer läuft oder ihn eine frische Liebe beglückt. Nein, ein Lehrer muss professionell sieben, acht Stunden lang seine Rolle durch- und persönliches Leid wie private Freude von den Schülern fernhalten.

Lehrer müssen ihre Rolle aus Überzeugung annehmen. Man kann nicht wahrhaftig Lehrer sein, wenn man lieber Professor wäre. Nur wer begeistert ist vom Lehrersein und von seinen Fächern, kann Schüler begeistern. Es klingt paradox, ist aber tatsächlich so: Wer nur deshalb von seiner Lehrerrolle begeistert ist, um zu begeistern, begeistert nicht.

Wem es nur auf seine pädagogische Wirkung ankommt, bewirkt pädagogisch nicht besonders viel.

Eine gefährliche Schwäche (nicht nur) im Lehrerberuf ist Eitelkeit. Sie kann den Blick für die eigentliche Aufgabe verstellen und im Konfliktfall zu unangemessen harten Reaktionen gegenüber schwierigen Schülern und Eltern führen, weil die Zurücknahme von Vertrauen als persönliche Kränkung empfunden wird. Eitelkeit verdrängt, dass Schüler und Eltern ein Recht darauf haben, der „Amtsperson" Lehrer ihr Vertrauen zu entziehen. Lehrkräfte müssen die Fähigkeit haben, einseitigen Vertrauensentzug auszuhalten, ohne ihrerseits den Schülern und Eltern das grundlegende Wohlwollen zu entziehen.

Je besser einem Lehrer die Beziehungskunst in der asymmetrischen Konstellation gelingt und er also die gebotene Distanz hält, desto so intensiver kann das Vertrauen seitens der Schüler zur Schule wachsen. Das wird gerade in der Adoleszenz und in Lebenskrisen sichtbar. Dann kommen die Jugendlichen mit ihren Sorgen und Tränen, mit ihren unbewältigten Familiendramen und ihrem eigenen Beziehungschaos in die Schule und öffnen sich. Hier bekommt der Lehrberuf eine erzieherische Dimension, der er sich weder entziehen kann noch darf. Sie lässt sich auch nicht an Sozialarbeiter und Schulpsychologen delegieren, so wünschenswert es ist, dass solche Experten stützend und helfend zur Schule gehören. Jugendliche suchen sich nun mal die Person, der sie Vertrauen schenken, nicht nach den Zuständigkeiten aus, wie sie von der Schulleitung oder Schulverwaltung in Arbeitsplatzbeschreibungen definiert werden.

Grundsätzlich muss jeder Lehrer ein Vertrauenslehrer sein. Das schmälert nicht Amt und Würde der von Schülern gewählten Vertrauenslehrer – an die sich zu wenden allerdings kein Schüler verpflichtet ist. Aber wenn ein Jugendlicher etwa zum Französischlehrer kommt, um ihm ein privates oder schulisches Problem anzuvertrauen, dann darf dieser ihn nicht zurückweisen, weil er nur dafür da sei, Französisch zu unterrichten. Täte er es, würde er gegen das Ethos des Lehrerberufs verstoßen. Ein guter Lehrer muss nicht nur Kompetenz und Leidenschaft für sein Fach haben, sondern er muss an der Person jedes einzelnen Schülers interessiert sein. Im Lehrberuf geht es auch um ein transparentes und verlässliches Beziehungsangebot.

Vor allem gerecht

Schülern ist vor allem eine Eigenschaft bei ihren Lehrern wichtig: Sie müssen gerecht sein, fair.[32] Fachwissen, Geduld und gutes Erklären rangieren zwar auch oben auf der Werteskala, aber nie an erster Stelle. Das belegen alle Umfragen bei Schülern über die Frage, was einen guten Lehrer auszeichnet. Das sind auch die Eigenschaften, nach denen Schüler ihre besten Lehrer etwa für den Deutschen Lehrerpreis vorschlagen. Und fragt man Erwachsene, welche Lehrer sie in guter Erinnerung haben, dann sind das immer die strengen, fordernden, aber gerechten. Keiner sagt, dass er gern einen 1000-prozentig Engagierten wie den Englischlehrer John Keating im „Club der toten Dichter"[33] oder einen kumpelhaften Alleskönner wie „Unser Lehrer Dr. Specht"[34] gehabt hätte.

Dass Schüler strenge Maßstäbe anlegen, wenn es um die Beurteilung ihrer Lehrer geht, zeigt unter anderem eine Initiative der Schülermitverwaltung am Kolleg St. Blasien, die besten Lehrer mit einer „Goldenen Kreide" auszuzeichnen. Trotz etlicher Vorbehalte bei den Lehrern – einige befürchteten, dass nur Kollegen ausgewählt würden, die großzügig gute Noten vergeben, andere wollten eine solche Lehrer-Show grundsätzlich verbieten lassen –, hat die SMV ihre Umfrage ohne Kontrolle von oben bei den Mitschülern durchgeführt. Bei dem ausgetüftelten Verfahren lagen schließlich die Lehrer vorn, die sehr anspruchsvoll und eher distanziert sind – das Stichwort distanziert fiel auf –, und nicht der beliebte Kameraden-Typ, der immer alles durchgehen lässt. Alle Lehrer haben das Ergebnis akzeptiert, weil es seriös gewonnen war, also keine billige Beliebtheitsmasche. Aus der Verleihung der „Goldenen Kreide" ist leider keine Tradition geworden, das Verfahren war zu arbeitsaufwendig.

Die Initiative hat dennoch eine Wirkung über den Tag hinaus als Beleg dafür, dass Schüler mit demokratischen Strukturen wie der SMV verantwortungsbewusst umzugehen verstehen. Natürlich vertreten sie auch „Spaßinteressen" und werden von ihren Wählern nicht zuletzt daran gemessen, ob sie coole Feten organisieren. Das gesteht ihnen Bernhard Bueb[35] auch freundlich zu. Im Übrigen lehnt er ein solches von Schülern gewähltes Gremium „aufgrund der Unreife von Kindern und Jugendlichen" ab. Die Internatsschule Salem jedenfalls, schränkt er ein, sei „mit einer demokratischen SMV unregierbar". Eine gute Schülermitverwaltung müsse – wie in britischen Internaten, in denen die von Lehrern und Schülern gewählten Prefects strenge Aufsicht führen – „den Mut haben zu kontrollieren und die Erfüllung von Pflichten zu verlangen"; sie müsse also auch bereit sein, „Mitschüler anzuzeigen, die Regeln übertreten".

Einspruch! Ein Prinzip, das Kontrolle höher stellt als Vertrauen, ist falsch. Eine Schulregel, die Schüler zum Petzen verpflichtet (und das Petzen mit Privilegien belohnt), verletzt die Würde der Schüler. Die Schülerinitiative „Goldene Kreide" zeigt, dass eine demokratisch gewählte SMV durchaus verantwortungsbewusst agieren kann, ohne dabei disziplinarische Verantwortung selbst übernehmen zu müssen.

11 Lehrer – nie sind sie gut genug

Die offensichtlichen Schwierigkeiten der deutschen Gesellschaft, Vertrauen und Kontrolle ins richtige Maß zu bringen, zeigt sich auch in ihrem Umgang mit Autoritäten beziehungsweise der Akzeptanz von Autoritäten. Abwehr und Misstrauen berufen sich darauf, dass die gesellschaftlichen Autoritäten während des Nationalsozialismus fast gänzlich versagt und nach 1945 bruchlos wieder Autorität beansprucht haben. Erst die 1968er-Generation hat sie infrage gestellt – zu Recht – und damit einen tiefen sozialen und gesellschaftlichen Umbruch ausgelöst.

Dieser antiautoritäre Affekt hat natürlich vor Schulen und Lehrern nicht halt gemacht. Das wirkt sich bis heute aus. Ganz gleich, welches Institut und welcher Verband zu welchem Zweck eine Umfrage zum Thema Schulen und/oder Lehrer macht: Die breite Öffentlichkeit ist unzufrieden. Schule vermittle zu wenig Allgemeinbildung, zu wenig Benimm, sie sei ungerecht und bereite nicht genug auf das Berufsleben vor; Lehrer trügen fast immer die Schuld daran, wenn Schüler versagen, sie seien zu wenig engagiert. Die Studie „Schulen und Lehrer aus Sicht der Bevölkerung", die das Institut für Demoskopie Allensbach im März 2009 erhoben hat, zeigt allerdings auch, wie groß die Diskrepanz zwischen den Urteilen der schulfernen und der schulnahen Bevölkerung ist. Das vielleicht auffälligste Beispiel: Während 54 Prozent aller Befragten finden, dass Lehrer zu viel über ihre berufliche Belastung klagen, sagen das nur 23 Prozent der Eltern von Schulkindern. Diese erkennen auch deutlich öfter als die breite Masse an, dass sich Lehrer um eine interessante Unterrichtsgestaltung bemühen, ihren Beruf lieben und auch außerhalb der Schule für die Kinder da sind.[36]

P. Mertes: Mit welcher Selbstverständlichkeit auch Schüler die gängigen Vorurteile pflegen – der Philosoph und Soziologe Theodor W. Adorno hatte sie 1965 in seinem Vortrag „Tabus über dem Lehrberuf"[37] aufgespießt –, hat eine unserer Referendarinnen erlebt. Sie erzählte mir, dass eine Schülerin nach einer Unterrichtsstunde mit der Frage auf sie zukam, warum sie denn Lehrerin werden wolle. Die Kollegin ist in der Klasse recht beliebt, die Frage wurde aus echter Anteilnahme gestellt, es mischte sich ein aufrichtig bedauernder Unterton ein, nach dem Motto: „Gerade bei Ihnen ist mir das unverständlich, wo Sie doch so nett und auch sonst so normal sind." Die Referendarin erklärte der Schülerin, dass sie einige Jahre lang Sekretärin in einem Werbeunternehmen gewesen war und die geistig wenig anspruchsvolle Arbeit gegen eine Tätigkeit eintauschen wolle, in der sie ihr geisteswissenschaftliches Studium nutzbar machen könne. Darauf reagierte die Schülerin erstaunt: „Wissen Sie, ich will eines Tages mal eine Sekretärin *haben*."

Hartnäckig hält sich im Urteil der Gesellschaft – und im schlechten Gewissen der Betroffenen – die Vorstellung, Lehrer seien Faulenzer. Die Arbeit, die sie verrichten, scheint dem Begriff von Arbeit nicht zu entsprechen, der in der Gesellschaft Geltung hat. Dabei richtet wohl weniger der Herrschaftsanspruch der proletarisch-körperlichen gegenüber der geistigen Arbeit dieses Tabu auf. Vielmehr unterscheidet sich die Lehr-Arbeit von der gesellschaftlich höher geschätzten anderen Arbeit darin, dass sie kein messbares Produkt vorweisen kann. Das Statussymbol der Lehr-Arbeit müsste ja eigentlich der gelungene Schüler sein. Aber wann ist ein Schüler „gelungen", wer bestimmt die Kriterien für das „Gelingen"? Gewiss, wenn ein Lehrer eine seiner ehemaligen Schülerinnen auf der Opernbühne als Desdemona oder Pamina erlebt, wird er seinen Freunden und Verwandten voll Stolz sagen: „Sie war meine Schülerin." Aber war sie wirklich „seine" Schülerin? Hat er ihr mehr beigebracht als Englisch oder Mathematik?

Am ehesten angebracht scheint noch der Stolz eines Lehrers über denjenigen Schüler zu sein, der sich noch unter seinen Augen und seiner Führung verbesserte, wandelte, selbstständig wurde und weiterführte, was sein Meister ihm vermacht hat. Doch auch dieser Stolz auf den Meisterschüler zeigt, wonach sich das Herz der Lehrenden sehnt: nach einem Produkt, das vorzeigbar ist und eine von der Öffentlichkeit akzeptierte angemessene Bezahlung verdient. Aber Unterrichten ist nun mal keine produktorientierte Arbeit. Es besteht für lange Phasen darin, die Selbstzweifel darüber auszuhalten, ob im Unterricht „überhaupt etwas rauskommt".

Allerdings haben die Deutschen seit eh und je ein kritisches Verhältnis zum Lehrerberuf. Das lässt sich auf den vielen tausend Seiten der sogenannten Kadetten- und Schulgeschichten nachlesen. Auf der Hitliste für germanistische oder pädagogische Seminare und Aufsätze stehen Hermann Hesses „Unter dem Rad", Friedrich Torbergs „Der Schüler Gerber", Robert Musils „Die Verwirrungen des Zöglings Törleß" und Heinrich Mann mit seinem „Professor Unrat", nicht zu vergessen Rainer Maria Rilke, Frank Wedekind, Thomas Mann, Ernst Jünger oder Emil Strauß – alle Autoren zeigen einen Schulmeister, der verständnislos, pedantisch und herrschsüchtig agiert, ja, die Schüler traktiert. Heinrich Spoerls Lehrerkollegium in „Die Feuerzangenbowle" und Wilhelm Buschs „Lehrer Lämpel" sind da geradezu liebevoll überzeichnet.

Die 68er-Generation hat mit ihrer Fundamentalkritik am „kapitalistischen System" auch jede Form von Autorität in der Erziehung, ob in Familien oder in öffentlichen Bildungsstätten, unter Verdacht gestellt. Richtige Erziehung, so ihr Credo, musste antiautoritär sein. Das wirkt bis heute auch dahingehend nach, dass die Gesellschaft noch immer kein reflektiertes Verhältnis zur Unverzichtbarkeit von Autorität im Bildungsgeschehen entwickelt hat. Sie hat es auch deshalb nicht getan, weil die antiautoritäre Generation autoritär auftritt, wenn sie selbst in Amt und Würden ist. Sofern sie heute Bildungspolitik verantwortet, verordnet sie von oben herab eine Schulreform nach der anderen; sie betrachtet Lehrerinnen und Lehrer als Befehlsempfänger, die umzusetzen haben, was vorgegeben wird.

Dieser verächtliche Zugang zum Lehrerberuf verkennt völlig, dass Kinder und Jugendliche von ihrem inneren Gefühl her Autorität bejahen, wenn sie denn glaubhaft durch eine Person repräsentiert wird. Dann akzeptieren sie auch Tugenden wie Disziplin, Fleiß und Ordnung. Der Sozial- und Erziehungswissenschaftler Klaus Hurrelmann[38], gewiss jeder Disziplinierungspädagogik unverdächtig, stellt fest, dass die „angemessene Dosis von Autorität" in jede Erziehung gehört und „Baustein jeder Beziehung" ist. Nur dadurch erhalte das Kind einen Hinweis, „welches Lebenskonzept und welche Werte der Pädagoge selbst vertritt". In der Tat, an Beliebigkeit kann sich niemand orientieren.

Autorität und autoritär gehen zwar auf dasselbe lateinische Wort „auctoritas" zurück: Einfluss, Geltung, Ansehen, Würde, Macht. Sie bedeuten aber etwas Grundverschiedenes. Autorität bezeichnet die Fähigkeit eines Menschen, andere anzuleiten, zu führen, Vorbild zu sein; autoritär ist eine Führungsperson, die ihre Maßnahmen und Entscheidungen rigide durchsetzt, die also anmaßend auftritt und selbstgerecht ist. Die 68er warfen Eltern und Pädagogen vor, autoritär zu sein. Vielleicht waren sie dies auch. Aber die Alternative zum Autoritären ist nicht das Laissez-faire-Prinzip. Die Hinführung zu mehr Freiheit schließt strenge Methodik nicht aus. Im Gegenteil. Freiheit bedeutet ja nicht, dass jeder immer das tun kann, was er gerade will. Zum Geschäft des Erziehens gehört es, jungen Menschen Hilfen an die Hand zu geben, mit dem, was sie gerade wollen, richtig, reflektiert und frei umzugehen. Verzicht auf Erziehung ist kein Erziehungsprogramm. Richtig verstandene und praktizierte Autorität ist unverzichtbar für eine Freiheitspädagogik.

Grenzen des Lehrerberufs

Von Pädagogen, also im eigentlichen Wortsinn „Kinderführern", kann man zu Recht erwarten, dass sie ihren Schülern frei von Vorbehalten begegnen. Schon deshalb dürfen Lehrer ihr Bild von den Schülern nicht durch die sozialen Kontexte bestimmen lassen, aus denen die einzelnen Schüler kommen; sie dürfen sie auch nicht öffentlich in der Schule thematisieren. Ein anderer Grund ist, dass Schule von der Fiktion der sozialen Gleichheit aller Schüler lebt und diese in der Schule auch realisiert. Es ist ihre Pflicht, soziale Gleichheit zwischen den Schülern herzustellen, weil der Bildungserfolg nicht vom Geldbeutel der Eltern abhängen darf. Wenn ein Kind aus freien Stücken in seiner Klasse erzählt, dass sein Vater Hartz IV bezieht oder die Mutter arbeitslos geworden ist und es deshalb auf die Klassenfahrt verzichten muss, ist das in Ordnung. Sagt es nur seine Teilnahme ab, darf der Lehrer nicht so nach privaten Hintergründen fragen, dass die anderen Schüler gleich mit informiert werden. Und niemals darf ein Lehrer das, was ihm Schüler oder Eltern im Vertrauensraum über ihre sozialen Verhältnisse anvertrauen, ohne deren Einverständnis zum Thema in der Klasse machen.

P. Mertes: Ein Schüler vertraut mir an, dass seine Mutter schwer psychotisch ist und er mit dieser Belastung nicht mehr zurechtkommt. Dass sich der Junge in Leistung und Verhalten verändert hatte, war im Kollegium bereits aufgefallen. Es könnte dem Jungen helfen, seinen Lehrern die Situation zu schildern und um Verständnis zu bitten. Das aber wäre ein Vertrauensbruch. Der Junge ist zu mir gekommen, weil er weiß, dass er sich auf meine Diskretion gegenüber der Schulöffentlichkeit und auch gegenüber seinen Eltern absolut verlassen kann. Der Weg, ihm zu helfen, muss ein anderer sein. Oder eine Mutter kommt zu mir, weil sie sich vor ihrem Sohn fürchtet: Sobald sie etwas sagt, das ihm nicht passt, schlägt er sie. Auch mit diesem Problem muss ich absolut diskret umgehen, die Mutter verlässt sich darauf. Auch hier muss der Weg, ihr (und ihrem Sohn) zu helfen, ein anderer sein als eine Ermahnung des Jungen oder ein Kommentar auf der Klassenkonferenz. Der erste, wichtige Schritt ist, jederzeit ansprechbar zu sein.

Diese Beispiele machen klar, dass die Zuständigkeit des Lehrerberufs Grenzen hat. So ist es nicht nur sinnvoll, sondern dringend geboten, in Krisensituationen von Jugendlichen auf kompetente Hilfe innerhalb oder außerhalb der Schule zu verweisen – etwa auf das Jugendamt, auf Beratungs- und Therapieeinrichtungen, auf die ausländerrechtliche Härtefallkommission. Viele Lehrer leisten erzieherisch Großartiges. Doch zum Lehrerberuf gehört auch, eigene Überforderungen rechtzeitig zu erkennen und deutlich zu machen. Dadurch wird die Vertrauensdimension in der Lehrer-Schüler-Beziehung nicht strukturell infrage gestellt: Es bleibt das Vertrauen der Schüler und der Eltern darauf, dass der weiterführende Hinweis tatsächlich weiterführt, es bleiben die Verschwiegenheitspflichten, die innerhalb von Vertrauensbeziehungen gelten. Gerade auch hier wird deutlich, dass es einen Unterschied gibt zwischen verantwortungsbewusstem Delegieren und Abwimmeln.

Verantwortung macht stark

Lehrerinnen und Lehrer sind letzte Instanzen. Sie treffen Entscheidungen in Letztverantwortung. Sie können die Bewertung von Leistungen (Noten) und auch die meisten disziplinarischen Maßnahmen nicht an eine höhere Instanz abtreten. Letztverantwortung zu tragen ist belastend, die Neigung, sie zu vermeiden, verständlich. Jedes Vermeiden von Verantwortung hat jedoch Folgen im System, denn Verantwortung zu vermeiden bedeutet, sie zu verschieben, einen „Dummen" oder Sündenbock zu finden. In dem Maße, in dem innerhalb eines Betriebes Verantwortung verschoben wird, steigt das Gewaltpotenzial, angefangen bei allgemeiner Gereiztheit bis hin zu Schuldzuweisungen und gegenseitiger Aggression. Verantwortung als Lehrer oder Lehrerin zu übernehmen ist also auch entscheidend für die Atmosphäre in einer Schule.

Unbestritten, es gibt viele gute Gründe, Verantwortung zu vermeiden. Sie werden aktuell durch einige gesellschaftliche Entwicklungen begünstig. Da ist die gestiegene Klagefreudigkeit von Eltern und volljährigen Schülern. Viele Schulen befassen sich nach Schuljahresende mit Klagen gegen Zensuren, gegen Bemerkungen zum Lern- oder Sozialverhalten, gegen verweigerte Versetzungen. Immer öfter schalten Eltern schon wegen einer „Drei" den Rechtsanwalt ein. Oder sie lassen ihr Kind, mit dessen Zeugnisnoten sie nicht einverstanden sind, von einem Nachhilfeinstitut testen – das oft besser urteilt. Diese Art der Kritik schlägt zurück in den Betrieb, mindert die Entscheidungsfreudigkeit der Lehrer und verstärkt das Absicherungsbedürfnis aufseiten der Schule.

Doch gerade in asymmetrischen Beziehungen ist das Recht auf Klage grundlegend. Recht ist vor allem das Recht des Schwächeren gegenüber dem Stärkeren. Selbst wenn Schulen sich durch eine Klage in ihrer Position angegriffen fühlen, bedeutet das nicht, dass sie – systemisch gesehen – in der schwächeren Position sind. Im Übrigen decken Klagen manchmal auch unverantwortliches Verhalten oder Fehler im System auf.

Die Verrechtlichung pädagogischer Entscheidungen stößt allerdings an Grenzen, weil das Recht letztlich nur bis zu den Grenzen der Ermessensspielräume vordringen kann, jenseits derer in der Lehrer-Schüler-Beziehung Entscheidungen fallen. In diesen Ermessensspielräumen können Lehrende und Erziehende der Verantwortung nicht mehr ausweichen. Dies gilt besonders für disziplinarische Entscheidungen bei den „kleinen" Verstößen gegen die Schulordnung (im Gang rennen, das Handy während des Unterrichts eingeschaltet lassen, in der Cafeteria drängeln), bei Zankereien zwischen Schülern und vielen anderen alltäglichen Themen, mit denen Schule sich beschäftigt. Die Instanz Lehrer kann durch die Instanz Richter nicht ersetzt werden. Richter sind keine Erzieher. Gerade das macht die bleibend starke Position des Lehrerberufs aus. Die Verantwortung von Lehrern bleibt immer bestehen.

Ein zweiter Trend, der die Tendenz begünstigt, Verantwortung zu vermeiden, ist die Ökonomisierung. Der Primat des Marktes dringt immer stärker in das Bildungssystem ein, und zwar nicht nur in einzelnen Aspekten, wogegen ja nichts Grundsätzliches einzuwenden wäre. Nein, die Ökonomisierung bewirkt eine grundlegende Veränderung, welche Prioritäten das System setzt. Inzwischen müssen immer mehr Entscheidungen mit oder gar nach betriebswirtschaftlichen Kriterien getroffen werden. Verantwortung übernehmen kann in diesem Bereich bedeuten, dort Widerstand zu leisten, wo die ökonomischen Kriterien den Ausschlag für pädagogische und inhaltliche Entscheidungen geben sollen oder könnten.

12 Freie Schulträger und Zivilgesellschaft

Das Grundgesetz sieht vor, dass freie Träger das Recht haben, Schulen in eigener Trägerschaft zu gründen. Die Autoren des Grundgesetzes verstanden dieses Recht nicht als bloßes Angebot an nicht-staatliche Bildungsträger. Vielmehr steckt hinter Artikel 7,4 GG die Einsicht, dass es für die Gesellschaft wünschenswert ist, wenn der Staat nicht alleiniger Träger von Bildung ist. In diesem Sinne haben gerade auch die Kirchen nach 1945 darauf bestanden, das Recht auf Schulgründung im Grundgesetz zu verankern.

Warum könnte es wünschenswert sein, dass nicht nur der Staat Schule macht? Sicherlich hat das zu tun mit den spezifischen Erfahrungen von 1933 bis 1945: Der totalitäre Staat verstand sich als erziehender Staat und begann die Durchsetzung seines Programms mit der Schließung insbesondere der kirchlichen Schulen. Darüber hinaus ist eine Pluralität von Bildungsangeboten wünschenswert, um den Eltern Schulwahl zu ermöglichen. Schulwahl ist ein Freiheitsrecht der Eltern. Natürlich stehen die freien Träger unter dem Dach einer staatlichen Schulverwaltung, die unter anderem Standards für die öffentliche Anerkennung der Abschlüsse setzt. Aber kein demokratischer Staat lebt auf Dauer ohne eine Gesellschaft, die zivile Verantwortung unterhalb des Niveaus staatlicher Exekutive selbst wahrzunehmen bereit ist – also eben nicht nur private Interessen artikuliert, sondern im Interesse des Allgemeinwohls handelt.

Die Kirchen und Ordensgemeinschaften haben in Deutschland den weitaus größten Anteil an „öffentlichen Schulen in freier Trägerschaft" – als kirchliche Schulträger verwenden sie lieber diesen Begriff als die gängige Bezeichnung Privatschule. Dieser Anteil ist jedoch erheblich geringer als in anderen europäischen Ländern. Mit Blick beispielsweise auf Frankreich lässt sich sagen: Je laizistischer sich ein Staat selbst versteht, um so mehr ermöglicht er Eltern eine Wahlmöglichkeit zwischen Schulen. In Frankreich sind mehr als 30 Prozent der Schulen kirchlich getragen und werden vom Staat komplett refinanziert.

Aus zivilgesellschaftlicher Perspektive korrespondiert jedenfalls dem Recht, Schulen zu gründen, eine Pflicht, Schule nicht allein dem Staat zu überlassen, sondern selbst als Träger eines Bildungskonzeptes zu agieren, das einen öffentlichen Auftrag realisiert. Die Pflicht zur Refinanzierung freier Schulen durch öffentliche Gelder – bis auf einen leistbaren Eigenanteil – ergibt sich im Übrigen aus dem sozialen Sonderungsverbot des Grundgesetzes: Da und insofern freie Schulen einen öffentlichen Bildungsauftrag umsetzen, muss dieser auch allgemein zugänglich sein. Der Schulbesuch darf also weder bei staatlichen noch bei privaten Schulen am Geldbeutel der Eltern scheitern.

Wer zahlt, schafft an

Der Ausdruck „Privatschule" ist schon deshalb missverständlich, weil er eine Rolle oder eine Zuständigkeit derer suggeriert, die Schulgeld bezahlen (also der Eltern), die weder institutionell noch gar pädagogisch gegeben ist. Wer zahlt, schafft an, oder: Wes Brot ich ess, des Lied ich sing! So das Sprichwort. Anders ausgedrückt: Wenn Herr X der Künstlerin Ypsila sagt, wie das Porträt von ihm auszusehen hat, lässt sie der schlechte Geschmack oder die Eitelkeit des Auftraggebers womöglich erschaudern; sie wird aber am Ende das Porträt so malen, wie es der Auftraggeber will. Oder? Indes, was hier im Verhältnis von Kunst, Kommerz und Wahrheit schillernd daherkommt, darf in der Schule keine Rolle spielen. Bildung und Erziehung bleiben öffentlicher Auftrag, selbst und gerade wenn er in freier Trägerschaft wahrgenommen wird. Privat-Schule ist eben nicht Privatsache, Privatbesitz, Privatinteresse oder Privatinitiative, auch wenn dies im Duden nah beieinander steht. Standesdenken oder ein Eliteverständnis, das sich aus materiellem oder sozialem Herkommen definiert, ist mit Schule nicht vereinbar.

Gleichwohl gibt es inzwischen private Schulgründungen, die nicht nur ein besonders qualifiziertes, allerdings teures Bildungsangebot machen, sondern damit auch Überschüsse erwirtschaften wollen. Die Phorms Management AG etwa betreibt seit 2006 bilinguale Schulen mit dem Ziel, dass die Schüler dort stressfrei und besser lernen als an staatlichen Einrichtungen – und dass die privaten Investoren eine ordentliche Rendite sehen. Ein umstrittenes Geschäftsmodell, das auch nicht richtig aufzugehen scheint. Zwei der acht Phorms-Schulen – die in Hannover und Köln – werden zugemacht, weil sie unrentabel sind. Und in anderen Städten melden die ersten Eltern ihre Kinder vom Phorms-Gymnasium ab, weil es trotz kleiner Klassenverbände und individueller Entwicklungsförderung die üblichen Probleme mit Gewalt und Drogen gibt; weil der Konkurrenzdruck unter den Lehrern überall zu spüren ist. In der Tat bezahlt die Phorms-AG ihre Lehrer „überwiegend erfolgsabhängig", wie es in Stellenausschreibungen heißt – an welchen Kriterien auch immer der Erfolg der Lehrer-Leistung bemessen wird.[39]

„Eltern, die ihre Kinder auf Privatschulen schicken, haben als Kunden der Schule Mitspracherechte", erklärt das Magazin „visAvis Economy" (ein, so die Eigenwerbung, „Forum für Entscheider des Mittelstands"). Als wichtigste Pluspunkte der freien Schulen stellt es deren spezielle Profilbildung heraus und den „Wettbewerb, dem sich Privatschulen stellen und dem sich auch die öffentlichen Schulen künftig nicht mehr entziehen können".[40] Denn Wettbewerb gewährleiste nicht nur die individuelle Förderung jedes Schülers, sondern auch die „effektive Förderung der Nachwuchskräfte".

In der Tat erleben Privatschulen derzeit einen wahren Gründungsboom. Jedes Jahr eröffnen rund 100 neue Einrichtungen. Immer mehr Elterninitiativen suchen im Internet nach Mitstreitern für ihre Schulideen. Firmen werben um hochqualifizierte Mitarbeiter, indem sie für deren Kinder flugs eine internationale Schule errichten. Im August 2009 hat die bundesweit erste Familienservice Schule in Berlin[41] den Unterrichtsbetrieb aufgenommen. Träger ist die pme Familienservice GmbH, die ihr Angebot als „das ideale Modell für beruflich stark eingespannte Eltern" bezeichnet. Die können ihre Kinder rund durchs Jahr zwölf Stunden am Tag unterrichten, aktivieren und betreuen lassen – für ein entsprechendes Schulgeld plus Hortgebühren.

Am Grunde der Ökonomisierung steht eine neue Definition der Lehrer-Schüler-Beziehung. Die einen werden als Kunden, die anderen als Anbieter gesehen. Bildung ist ein Geschäft, das um Zufriedenheit und Wohlwollen seiner Kunden, der Eltern beziehungsweise Schüler, buhlen muss. Ist ein Kunde mit dem „Produkt" nicht zufrieden – etwa weil die erwünschten Noten oder der erwartete Anschluss nicht erreicht werden –, macht er Druck oder droht mit Kündigung. In diesem Geschäftsmodell haben Vertrauen und Verantwortung, die grundlegend waren und sind für die asymmetrische Beziehung, keinen Platz mehr.

Zum einen wird die „Verantwortung" im Kunde-Anbieter-Verhältnis auf die Ware beschränkt, auf die man sich im Kaufvertrag über den Preis geeinigt hat. Zum anderen setzt die Vorstellung vom Kunden voraus, dass die Leistung nur deswegen erbracht wird, weil der Kunde sie will. Das würde aber in der Konsequenz bedeuten, dass die Verantwortung nur aus dem Auftrag des Kunden resultiert und auch nur auf diesen Auftrag beschränkt bleibt.

Schule ist jedoch kein Service-Angebot, um die Familien zu entlasten. Das heißt, Bildung ist keine Ware, sondern Teil der öffentlichen Daseinsfürsorge. Wenn ein Süßwarenhersteller Kekse backt, die keinen Markt finden, nimmt er sie aus der Produktpalette oder geht pleite. Das Auto, das keine Kunden findet, wird nicht weiter produziert. Lehrer aber bedienen keine Kundenwünsche von Eltern, vielmehr erfüllen sie einen gesellschaftlichen Auftrag, der bestehen bleibt. Sie bedienen auch keine Kundenwünsche der Schülerinnen und Schüler. Das wird allein schon daran deutlich, dass sich kein Lehrer von seiner Pflicht dispensieren kann, Motivation als pädagogische Aufgabe zu begreifen – und zwar gerade dann, wenn Kinder nicht motiviert und Elternhäuser desinteressiert an Bildung sind.

König Kunde?

Niemand bestreitet, dass der Markt sein – wenn auch begrenztes – Recht hat und stets verantwortlich mitzudenken ist. Aber die Verantwortung des Lehrers für den Schüler kann nicht durch die Verantwortung für den Markt überboten werden. Das ließe sich auch gar nicht umsetzen, weil der Markt letztlich immer ein gebieterisches Verhältnis zum Dienstleister hat nach dem Motto: „Der Kunde ist König". Doch in der asymmetrischen Beziehung sind Kinder eben gerade nicht die Könige – oder sie sind es in einem anderen Sinne als die Kunden auf dem Markt.

Das gilt genauso für Eltern. Sie besitzen keine Kompetenz zu bestimmen, welches „Sortiment" die Schule bereitzuhalten und welche „Artikel" sie zu ergänzen hat, wenn die Wirtschaft dies fordert – oder wenn es dem eigenen Kind einen Karrierevorsprung verschaffen könnte.

P. Siebner: Ich bin selten sprachlos. Aber genau das ist mir passiert, als ein Schülervater mich im Blick auf seinen

Sohn und im Blick zurück auf zwei Jahre bei uns am Kolleg (mit der Voraussicht auf zwei weitere bis zum Abitur) nach dem ROI für die Familie fragte. Ich wusste nicht, was er meinte, und fragte nach. Und so habe ich gelernt: ROI steht für „return of investment", eine Art Kapitalrendite. Ich blieb sprachlos. Mein einziger Trost war, dass der Sohn auch nicht so recht wusste, wohin er schauen sollte.

Chinesisch im Wahlpflichtbereich ist sicher ein attraktives Angebot, wenn es einer Schule gelingt, guten Unterricht in diesem Fach zu halten, binationale Partnerschaften aufzubauen und Schüler dafür zu begeistern. Es ist auch schön zu erleben, wenn ehemalige Schüler beruflich in China reüssieren. Die Tatsache aber, dass China eine boomende Wirtschaftsmacht ist und dass Studierende einen Wettbewerbsvorteil haben, wenn sie bereits in der Schule Chinesisch lernen konnten, kann nicht Motiv sein, dieses Fach anzubieten. Ein solches Projekt bekommt einen ganz anderen „Geschmack" und eine andere Dynamik, wenn sich jemand als Lehrer und dann auch als Schüler und Schule faszinieren und anrühren lässt von einer zigtausend Jahre alten Hochkultur, von der Tonalität in der Sprache, von Kalligraphie und für das Essen mit Stäbchen. Wenn Chinesisch bloß nützlich ist, hat es als Fach an der Schule nichts verloren.

13 Schule braucht Mitstreiter

Seit vielen Jahren hat sich die Gesellschaft bequem in der Ansicht eingerichtet, dass Schule eine Service-Leistung von oben sei: Um Schule kümmern sich die anderen, nämlich der Staat und die im Kirchensteuersystem quasi-staatlich organisierten kirchlichen Bildungsbetriebe. In der Regel wird dabei übersehen, dass die Schulen in freier Trägerschaft einen je nach Bundesland unterschiedlich hohen Anteil ihrer Kosten selber aufbringen müssen. Die meisten privaten Schulen könnten ohne finanzielle Unterstützung etwa durch Stiftungen weder den ordentlichen Schulbetrieb aufrechterhalten noch ihre Qualität verbessern.

Viele Diözesan- und Ordensschulen haben die Gründung von Stiftungen zum Anlass genommen, ihr Verhältnis zu ehemaligen Schülerinnen und Schülern neu zu bedenken. Denn gerade die Ehemaligen kommen ja als potenzielle Fürsprecher, Spender und Zustifter infrage. Allerdings spielen Alumni – anders als etwa in Großbritannien oder in den USA – im deutschen Bildungsdiskurs kaum eine Rolle. Die Schule hat ihren Bildungsauftrag erledigt, wenn die Schülerinnen und Schüler von ihr abgehen. Ob Beziehungen bestehen bleiben, hängt von Zufällen ab. Natürlich schmücken sich Schulen gern mit den Namen prominent gewordener Ehemaliger – wobei oft die Frage offen bleibt, ob der gesellschaftliche Erfolg eines ehemaligen Absolventen tatsächlich mit den Impulsen der Schule zu tun hat. Ein Weiteres: Während in anderen Ländern der Hinweis auf die Schulherkunft Teil der gesellschaftlichen Selbstdefinition ist, schweigen die veröffentlichten Lebensläufe von Erwachsenen hierzulande meist über das Thema Schule.

Man kann das beklagen. Tatsache ist jedoch, dass der Erziehungsauftrag der Schule mit der Schulzeit eines Schülers endet. Umgekehrt enden damit auch die Verpflichtungen des Schülers gegenüber der Schule. „Abiturienten" sind „Weggehende". Wenn die Zeit des Weggehens gekommen ist, ist es Aufgabe der Schule beziehungsweise des Kollegiums, weggehen zu lassen. Deshalb sollte sie zu diesem Zeitpunkt keine Signale des Festhaltens setzen. Hinweise darauf, etwa dass man die Ehemaligen für die Zukunft „braucht" oder dass es eine Dankbarkeitspflicht gegenüber der Schule gibt, sind – jedenfalls zum Zeitpunkt des Weggehens – pädagogisch problematisch und oft auch kontraproduktiv.

Eine Alumni-Kultur bedeutet, dass es tatsächlich um eine lebendige Beziehung geht: um gemeinsame Anliegen, um das gemeinsame Engagement für die Schulidee, um eine Weiterführung der Beziehung zwischen ehemaligen Lehrern und ehemaligen Schülern auf einer anderen, neuen Ebene. Diese Kultur kann nur wachsen, wenn das Lehrer-Schüler-Verhältnis mit dem Weggehen der Schüler auch wirklich aufgehoben ist. Selbst wenn sich ehemalige Schüler gefühlsmäßig lange, manchmal ein Leben lang, wie Schüler fühlen, wenn sie ihren ehemaligen Lehrern begegnen, darf dies seitens der Schule nicht intendiert sein oder ausgenutzt werden.

Dies vorausgesetzt, sind ehemalige Schülerinnen und Schüler sowie deren Eltern die am besten geeigneten Verbündeten einer Schule, wenn es darum geht, ihre finanzielle Basis durch eine Schulstiftung zu sichern. Sie sind schon deshalb besser geeignet als die Eltern von aktuellen Schülerinnen und Schülern, weil die Schule unausweichlich die pädagogische Freiheit gegenüber den Schuleltern verliert, wenn diese sich als besonders großzügige Spender erweisen. Nicht zuletzt haben Spendenaufrufe an Schuleltern ein „Geschmäckle", weil sich diese Eltern strukturell in einer

Abhängigkeitsbeziehung zur Schule befinden und deshalb schwerer Nein sagen können als Ehemalige.

Die Tatsache, dass sich auch Schülerinnen und Schüler gegenüber der Schule in einer Abhängigkeitsposition befinden, ist der wesentliche Grund dafür, dass die Schule sie nicht in Aktivitäten zur Sicherung ihrer finanziellen Grundlagen einbeziehen sollte. Zudem ist es pädagogisch viel wünschenswerter, wenn der Idealismus und das Engagement junger Menschen beim Geldsammeln gerade nicht für die eigenen Schul-Interessen – so legitim sie sind – kanalisiert werden, also nicht für „unsere" Stiftung oder „unsere Klassenfahrt", sondern für die Interessen anderer: Unterstützungsprojekte für die Armen, Misereor-Aktion, Katastrophenhilfe etc.

Ehemalige Schülerinnen und Schüler (sowie deren Eltern) sind auch deshalb geeignete Partner, weil die Schule bei ihnen eine Vorleistung erbracht hat. Sie engagieren sich in der Regel aus Dankbarkeit. Manchmal ist die Dankbarkeit überwältigend und fordert die Schule neu zur Dankbarkeit heraus. Aber in jedem Fall bleibt der Charakter einer Beziehung zwischen Freien erhalten. Ein erwachsenes Dazugehörigkeitsgefühl (sense of belonging) kann und soll aktiv kultiviert werden.

Das trifft bei Sponsoring nicht zu. Da gibt ein Unternehmen einen größeren Betrag und erwartet im Gegenzug eine Gegenleistung, zum Beispiel einen Gewinn an Publizität oder einen Imagetransfer in der Schule und über die Schule hinaus. Sponsoring ist also ein Geschäft auf Gegenseitigkeit. Es mündet in einen Vertrag, der beide Seiten langfristig bindet. Über das Sponsoring wird das sponsernde Unternehmen Teil der Schulkultur.

Auf der Suche nach Partnern wenden sich Schulen und Schulträger immer öfter an die Wirtschaft. Auch dieser Weg erweist sich in der Regel als dornig. Die meisten Partner (Wirtschaftsunternehmen, Stiftungen) wollen konkrete

Projekte unterstützen und haben kein Interesse daran, Geld in Fonds beziehungsweise Schulstiftungen einzulegen, um deren Kapital zu akkumulieren. Sie wollen für gewöhnlich auch nur solche Projekte unterstützen, die mit ihren eigenen, meist wirtschaftlichen Themen zu tun haben. Der Normalbetrieb einer Schule sowie das eigentliche Schulprofil, welches in den Zusatzangeboten (Schüleraustausch, Besinnungstage, Sozialpraktikum, Klassenreisen, Kommunikationstraining, pädagogische Schulentwicklung) zum Ausdruck kommt, finden meist nur wenig Interesse bei der Wirtschaft.

Bedrängt vom öffentlichen Interesse

Ein Phänomen, das Schulen seit einiger Zeit zugleich vor Chancen und Probleme stellt, sind die Kooperationsangebote von immer mehr gesellschaftlichen Gruppen. Täglich kommen neue Projektideen, Wettbewerbskonzepte, Partnerschaftsangebote, Einladungen für Klassen, Kurse und vieles andere mehr ins Haus.

So viel Interesse an Schule und so viel guter Wille in Parteien, Unternehmen, Stiftungen, Akademien, Hochschulen, Kulturinstitutionen und Vereinen sind zu loben. Dennoch muss die angestrebte enge Zusammenarbeit von „Zivilgesellschaft und Schule" – Stichwort: „Schule öffnen" – auch kritisch gesehen werden. Abgesehen davon, dass allein schon das seriöse Studium der Angebote und eine jeweils angemessene Reaktion immens viel Arbeitszeit kosten würde, scheint das Engagement vieler „Agenten" der Gesellschaft nicht so selbstlos zu sein wie gern nach außen plakatiert. Hinter den schönen Worten und großzügigen Lernpartnerschaften verbirgt sich nur allzu oft beispielsweise der Wettbewerb eines Unternehmers um die besten Nachwuchskräfte oder unverhohlene Produktwerbung.

Auch deshalb muss der Schulleiter oder ein Stellvertreter kräftig aussortieren, bevor er einen Teil der Angebote ans Lehrerkollegium weiterreicht und die nötigen Kommunikationsprozesse in Gang setzt.

Unbestritten, es sind viele hochinteressante Themen dabei. Aber auch das reizvollste Projekt entlastet die Schule nicht von ihrer originären Aufgabe: guten Unterricht zu machen. Schule heißt, ein Kerngeschäft machen, und zwar so gut, wie es irgend geht. Danach erst kann man schauen, welches der von außen herangetragenen Themen für das pädagogische oder inhaltliche Profil nützlich ist. Das kann der eine Bundeswettbewerb sein, jenes Unternehmensprojekt oder diese gemeinnützige Initiative. Aber mehr nicht. Wenn ein Schulleiter meint, dass der Unterricht an seiner Einrichtung schwach ist, dann muss er intern für Ordnung sorgen: Er muss mit den Lehrern reden, Fortbildung organisieren, Kompetenz einkaufen. Aber er kann seine Schule auch mit dem tollsten Projekt nicht von der Pflicht freikaufen, guten Unterricht zu machen.

Das überwältigende öffentliche Interesse an Schule behindert jedoch nicht nur das normale Alltagsgeschäft. Es signalisiert auch ein Stück Misstrauen, ob Schule ihre Aufgabe allein ordentlich bewältigen kann. Um nicht missverstanden zu werden: Es gibt unübersehbare Defizite in Bildung und Erziehung; dagegen anzugehen und das Niveau zu heben ist selbstverständliche Pflicht von Schule und Politik und liegt im Interesse von wirtschaftlicher und kultureller Prosperität.

Etliche Anbieter scheinen das jedoch falsch zu verstehen. Da Schule längst der einzige Ort ist, dem Kinder und Jugendliche mindestens neun Jahre lang nicht entkommen können, buhlen sie dort ungeniert um deren Aufmerksamkeit. Die konsumorientierte Industrie investiert Millionenbeträge in die Markenbindung junger Menschen. Aus offensichtlichem Grund: Allein die rund acht Millionen

Zehn- bis 19-Jährigen in Deutschland verwalten ein Vermögen von gut 14 Milliarden Euro. Auch Parteien, Verbände, Medien werben um Aufmerksamkeit. Kein Wunder, dass Schulleute abwehren, ja abwehren müssen, sobald der Eindruck entsteht, dass die Erziehungs- und Bildungsarbeit für dritte Interessen instrumentalisiert werden soll. Es geht nicht darum, Initiativen zu verdächtigen oder von der Schule fernzuhalten. Aber das Maß muss stimmen, und die Prioritäten müssen klar sein.

Soll der Transfer zwischen nichtschulischem Anbieter und Schule gelingen, müssen zuvor mehrere Punkte geklärt sein:

1. Nichtschulische Träger müssen mit ihren Angeboten auf Bedürfnisse der Schule eingehen. Sie sind Dienstleister für die Schule, nicht umgekehrt.
2. Die Lehrerinnen und Lehrer müssen als pädagogisch Verantwortliche erkennbar bleiben und eingebunden sein. Schule kann vom Wesen ihrer eigenen Aufgabe her erzieherische Kompetenz nicht an nichtschulische Träger abtreten. Wenn unter „Öffnung der Schule" die Verlagerung genuin schulischer Verantwortung in andere Hände gemeint ist, dann ist nachvollziehbar, wenn Schule sich nicht öffnet.
3. Jede Projektarbeit bedeutet zusätzliche Arbeit für Lehrerinnen und Lehrer. Auch die von nichtschulischen Trägern angebotenen Projekte beanspruchen Arbeitszeit der Lehrkräfte. Dies muss mitbedacht werden.
4. Die meisten Angebote, die von außen an die Schule herangetragen werden, setzen voraus, dass sie in der Unterrichtszeit stattfinden. Wenn eine Klasse bei einem Projekt außerhalb der Schule mitmacht, muss mindestens ein Lehrer dabei sein; das bedeutet, dass sein Unterricht in anderen Klassen ausfällt.
5. Das Kerngeschäft der Schule ist der Unterricht. Natürlich wird auch in Projekten gelernt. Aber in der Alltags-

realität besteht die Hauptaufgabe der Lehrkräfte in der Sorge für guten Unterricht. Deswegen muss die Schule in sehr vielen Fällen de facto dem Unterricht Vorrang geben vor Projekten.
6. Schule ist an nachhaltig wirkenden Projekten interessiert, die das Ganze der Schule prägen. Sie muss es sein. Das Problem vieler Angebote besteht in ihrer Befristung, womit auch die Zeit befristet ist, in der die Mittel für die Realisierung des Projekts zur Verfügung stehen. Aus schulischer Perspektive kann auch ein befristetes Projekt sinnvoll sein. Es hat jedoch nur selten eine nachhaltige Wirkung für die Schule als Ganzes, sondern allenfalls für die beteiligten Schüler. Nur manchmal geben befristete Projekte einen Impuls, der in die Schulstruktur Einzug findet. In aller Regel gelingt das nur, wenn der Projektpartner bleibt und die Mittel weiterhin zur Verfügung stellt.

Wettbewerbe auch mal absagen

Vor allem Politiker verbinden die Forderung nach mehr bürgerschaftlichem Engagement für die Schule gern mit dem Hinweis auf Schulreformprogramme ihrer Partei, die solches erst ermöglichten. Allerdings übersehen sie wie auch andere Gruppen meistens die Tatsache, dass es ohnehin Aufgabe der Schule ist, zivilgesellschaftliches Bewusstsein zu fördern. Denn im Grunde genommen ist zivilgesellschaftliches Bewusstein nichts anderes als eine Umschreibung des erzieherischen Auftrags, den die Schule selbst hat. Die wichtigsten Träger dieser Aufgabe sind die Lehrerinnen und Lehrer. Zur Verantwortung zu erziehen ist Teil ihres beruflichen Selbstverständnisses und muss es sein.

Es ist verwunderlich, dass etliche Kriterien, die insbesondere für Schulen in Trägerschaft des Jesuitenordens und kirchliche Schulen insgesamt profilbildend sind – Besinnungstage und Sozialpraktikum –, in den Fragebögen von Wettbewerben etwa zur besten Schule Deutschlands oder für Ranglisten der Internatsschulen erst gar nicht vorkommen und auch keine Chance haben, aufgenommen zu werden. Gepunktet wird da unter anderem mit kleinen Klassen, Kursangeboten, Internetauftritt oder der Verfügbarkeit von PCs und Beamern in den Klassenräumen. Für die Teilnahme an solchen Wettbewerben gilt das Prinzip: Man kann sie deswegen absagen, weil man wegen der vorausgesetzten Kriterien gar nicht den Ehrgeiz hat, den ersten Platz zu belegen.

Ehrenamt: oft Hilfe, manchmal Last

Im Kontext der aktuellen Diskussion über die „Öffnung der Schule" spielt Ehrenamtlichkeit eine immer größere Rolle. Ehrenamtlichkeit ist eine herausragende Form zivilgesellschaftlichen Engagements. Sie hat hohen Vorbild-Charakter. Außerhalb der Lehrerschaft denkt indes kaum jemand daran, dass gerade dieser Beruf letztlich nicht ohne ehrenamtliches Engagement geleistet werden kann. Das gehört zum Selbstverständnis dieses Berufs. Alle Versuche, die Lehrerarbeitszeit zu quantifizieren, sind bisher gescheitert oder haben in unwürdige innerkollegiale Verteilungskämpfe geführt. Das Scheitern hat seinen guten Grund: Die ehrenamtlichen Anteile im Lehrerberuf sind in der Regel so hoch, dass eine Reduktion auf berechenbaren beanspruchbaren „Dienst nach Vorschrift" die Qualität der beruflichen Leistung mindern würde.

Ehrenamtliches Engagement kann weder von Schülerinnen und Schülern noch von Eltern erzwungen werden. Zwang widerspricht dem Begriff von Ehrenamtlichkeit, und das gilt doppelt für eine Institution wie die Schule, in der – systemisch gesehen – die Schüler nicht freiwillig sind und auch die Eltern eine abhängige Position einnehmen. Ein weiterer Aspekt: Mehr ehrenamtliches Engagement in der Schule ist nicht gleichbedeutend mit hoher Entlastung für die Schule. Schließlich muss die Schule den Ehrenamtlichen ihre Tätigkeit ermöglichen, sie supervidierend begleiten und in Krisen auffangen. Je mehr ehrenamtliches Engagement genuin schulische Funktionen ersetzt, umso mehr muss die Schule personelle Reserven in Stellung halten für die Begleitung der Ehrenamtlichen sowie für den Fall, dass die ehrenamtliche Arbeit ausfällt.

Ein Aspekt, der in der aktuellen Reformdebatte über Schulstrukturen – etwa Ganztagsschulen, längeres gemeinsames Lernen – völlig unzureichend thematisiert wird, sind die Investitionen, die nötig wären, um die Neuerungen zu realisieren. Riesige Baustellen werden aufgemacht in der Annahme, dass Ehrenamtliche darauf bauen werden. Das ist Reform mit einkalkulierter Ausbeutung, insbesondere Ausbeutung der Eltern. Statt den Lehrerberuf zu stärken und Arbeitszeit für Lehrkräfte und erziehende Berufe frei zu machen, wird auf Pump geplant. Im Klartext bedeutet das: Der Staat hat nicht vor, der Schule die notwendigen personellen Ressourcen für seine Reformprojekte zur Verfügung zu stellen.

An allen Schulen spielt das ehrenamtliche Engagement von Eltern eine zunehmend wichtige Rolle. So könnten die vielfältigen Möglichkeiten etwa der neuen Kollegsbibliothek in St. Blasien nicht voll genutzt werden, wenn sich nicht rund ein Dutzend Mütter und Väter in Ausleihe, Aufsicht und Beratung engagierten. Diese freiwillige Arbeit bedeutet allerdings nicht, dass die Schule voll bezahlte Arbeitszeit einsparen würde. Im Gegenteil. Sie hat zusätzlich eine Bibliothekarin eingestellt, denn Ehrenamt braucht professionelle Begleitung.

Indem sie ihre Zeit und Kompetenz für die Bibliothek hergeben, übernehmen die Eltern Verantwortung. Damit haben sie ein Mandat, eine Rolle im Schulalltag, für die sie mit einer bestimmten Autorität ausgestattet sind. Beispielsweise dürfen sie einen Schüler, der die Regeln missachtet, der Bibliothek verweisen. Allerdings dürfen sie das nur tun, sofern sie in ihrer Rolle sind. Außerhalb der Bibliothek oder ihrer „Dienstzeit" sind sie „normale" Besucher der Schule.

Jedes ehrenamtliche Engagement von Eltern während der normalen Unterrichtszeit hat den „Schönheitsfehler", dass es nur die Mütter und Väter leisten können, die tagsüber für ihr Kind zu Hause sind. So hilfreich die freiwillige Mitarbeit ist, so begünstigt sie doch das Entstehen einer Zweiklassengesellschaft bei den Eltern: auf der einen Seite die in der Schule Engagierten, auf der anderen Seite die Doppelverdiener und berufstätigen Alleinerziehenden, die dabei nicht mitmachen können und sich unter Druck fühlen.

Hinzu kommt, dass sich aus ehrenamtlichem Engagement von Eltern ein Konflikt mit den eigenen Kindern ergeben kann. Eltern besetzen in der Schule einen Ort, den ihre Kinder für sich haben wollen und den sie auch brauchen, um sich von ihrem Elternhaus zu emanzipieren. Außerdem empfinden so gut wie alle Jugendlichen ihre Eltern irgendwann als „peinlich". Sie wollen nicht, dass Mutter oder Vater in der Schule präsent sind, auch weil sie sich dann – zu Recht oder zu Unrecht – beobachtet fühlen. Solche Fragen müssen im Einzelfall zwischen Eltern und Kindern geklärt werden. Jedenfalls hat es die Schule immer zu respektieren, wenn Eltern sich aus ehrenamtlicher Arbeit in der Schule wieder zurückziehen.

Es gehört zur Verantwortlichkeit und zum Geschick einer Schulleitung, Eltern so einzubinden, dass diese eine befriedigende und nützliche Mitarbeit leisten, aber zugleich Grenzen zu ziehen, die Eltern und Schüler schützen. So wird die Cafeteria am Canisius-Kolleg in Berlin zwar von engagierten Eltern betrieben, doch die Aufsicht dort führen

Lehrer, nicht die Eltern. Das hat seinen Grund in der disziplinarisch diffizilen Situation. Wenn eine Mutter oder ein Vater einen Schüler verwarnen würde, dann hätte ihr Sohn oder ihre Tochter sofort ein Problem mit dem Schüler, der die Verwarnung bekommen hat. Kinder abstrahieren nicht, sondern sehen ihre Mitschüler immer im Kontext mit den jeweiligen Eltern. Das heißt, wenn Eltern mit eigener disziplinarischer Kompetenz in den pädagogischen Betrieb einer Klasse eingreifen, ziehen sie ihre eigenen Kinder in Konflikte mit hinein. Das heißt, sie handeln zum Wohl ihrer Kinder, indem sie keine disziplinarische Rolle übernehmen.

Die ehrenamtliche Mitarbeit von Eltern in Cafeteria oder Bibliothek bringt über größere Angebote hinaus einen weiteren Vorteil: Eltern und Lehrer kommen miteinander ins Gespräch, sie verlieren ihre Angst voreinander. Für die informelle Ebene des Zusammenwachsens von Schule und Eltern haben solche Orte eine ganz wichtige Funktion.

Gutes tun ohne Zertifikat

Die klassischen Partner für zivilgesellschaftliches Engagement von Jugendlichen sind die Jugendverbände. Ob Sportclub oder freiwillige Feuerwehr, ob kirchlicher oder gewerkschaftlicher Jugendverband – alle befinden sich seit einigen Jahren gegenüber der Schule in der Defensive. Ursache dafür ist eine Schulreformpolitik, die Bildungsgänge verkürzt und auf Ganztagsunterricht setzt. Sie nimmt immer mehr Zeit für die Schule in Anspruch und drängt damit Zeiträume für freiwilliges ehrenamtliches Engagement bei Jugendlichen zurück. Hinzu kommt, dass die Schule als Zwangsinstitution nicht nur zeitlich, sondern auch qualitativ zunehmend in die nichtschulischen Lebenswelten eingreift und sie dadurch grundlegend verändert. Ein Beispiel dafür ist die von vielen Seiten geforderte (und immer öfter praktizierte) Honorierung ehrenamtlichen und zivilgesellschaftlichen Engagements der Schüler durch die Schule. Die Erfahrungen in der verbandlichen Jugendarbeit am Canisius-Kolleg in Berlin widersprechen dieser Tendenz. So haben es die Jugendlichen, die sich ehrenamtlich in der Katholischen Studierenden Jugend (KSJ) engagieren – dieser Jugendverband wirkt nachmittags auf dem Schulgelände des Kollegs –, abgelehnt, dass die Leitertätigkeit in der KSJ auf dem Schulzeugnis positiv vermerkt wird. Ihre Begründung: Dadurch würde sich die Motivation für ihr Engagement ändern. Genauso argumentieren auch die Schüler, die Zeit und Grips in die Schülerzeitung, den Computerclub oder die Theater-AG investieren. Sie wollen keine zertifizierte Belohnung für etwas haben, das sie freiwillig geben.

Was Schule braucht

Angesichts der vielen Angebote, Schule immer besser oder interessanter machen zu helfen, sind klare Vorgaben der Schulen nötig. Die wichtigsten Regeln lauten: Schule braucht Partner, die ihr helfen, Räume für erzieherisches zivilgesellschaftliches Handeln in der Schule zu schaffen. Sie braucht Partner, die ihr Personal zur Verfügung stellen für die vielen Möglichkeiten, die sie neben dem Unterricht hat. Schule braucht Partner, die sich in der öffentlichen Debatte für sie stark machen und ihre Bedürfnisse artikulieren. Sie braucht auch starke Verbände, die auf dem freiwilligen Sektor ergänzen, was Schule als Zwangsinstitution nicht leisten kann. Und vor allem: Sie braucht Zeit.

14 Warum Jesuiten Schule machen

Der erste Grundsatz ignatianischer Pädagogik lautet: Jesuitenschulen und -kollegien sind Orte, an denen die Schüler ihre Würde als Menschen erfahren. Eigentlich eine Selbstverständlichkeit. Aber die auch an Jesuitenschulen in letzter Zeit aufgedeckten Missbrauchsfälle zeigen, dass die Selbstverständlichkeit keine solche ist. Der Grundsatz muss ausdrücklich benannt werden, weil sich sowohl in die konkrete Lehrer-Schüler-Beziehung als auch in die Konzeption von Schule ganz andere Interessen einschleichen können, die schon bei ihrem Ausgangspunkt anderes im Blick haben.

Interessen schleichen sich oft unter dem „Schein des Guten" ein, wie Ignatius von Loyola, der Gründer des Jesuitenordens, gern formulierte. Nach ihm ist die „ignatianische Pädagogik" benannt, der sich auch die Autoren dieses Buches verbunden fühlen. Der „Schein des Guten" kann alles Mögliche sein: Schule soll Deutschland im internationalen Vergleich wieder nach vorn bringen, Schule soll die nächste Generation instand setzen, die Renten zu erwirtschaften, Schule soll die Träume der Eltern für ihre Kinder realisieren, Schule soll die Zukunft des Landes sichern, Schule soll arbeitsmarkttaugliche Arbeitskräfte hervorbringen, Schule soll fit machen für die „Wissensgesellschaft". Das alles sind in sich keine schlechten Ziele, aber sie sind in der konkreten Begegnung zwischen Lehrern und Schüler zweitrangig. Schule ist zunächst einmal dafür da, weil Bildung ein Grundrecht der Kinder und Jugendlichen ist. Jungen Menschen Bildung vorzuenthalten oder sie gar aus dem Bildungsgeschehen auszugrenzen, verletzt ihre Würde.

Die Missbrauchsfälle an Schulen, Internaten und anderen erzieherischen Institutionen haben die pädagogische

Debatte mit neuer Dringlichkeit auf einen weiteren Aspekt des Bildungsgeschehens gelenkt: Gelingen von Bildung hängt wesentlich am Gelingen der Lehrer-Schüler-Beziehung. Auch hier schleichen sich offensichtlich gern unter dem „Schein des Guten" ganz andere Interessen ein, sowohl bei den Lehrenden selbst als auch beim pädagogischen und gesellschaftlichen Diskurs über Schule. Wenn zum Beispiel Schüler (und Eltern) als Kunden definiert werden, hat das Thema „Würde" in der Lehrer-Schüler-Beziehung eigentlich keinen Platz mehr. Das geschieht schneller, als viele denken, die leichtfertig die Kategorien vermischen und von außen mit Rezepten an die Schule herantreten.

„Würde" ist nach der klassischen Definition von Immanuel Kant genau das, was nicht durch einen Tauschwert ersetzt werden kann: „Die Menschheit ist eine Würde. Denn der Mensch kann von keinem Menschen bloß als Mittel, sondern muss jederzeit als Zweck gebraucht werden." In der biblischen Tradition nennt man das die „Gottesebenbildlichkeit" des Menschen. Der Mensch gleicht Gott gerade darin, dass er nicht verzweckt werden kann für noch so gute Ziele, die sich einem selbst oder durch andere unter dem „Schein des Guten" aufdrängen. Es macht die Würde des Lehrer- und Erzieherberufes gerade aus, jungen Menschen ein Gespür, ein Bewusstsein für die eigene Würde zu geben, also gerade auch ein Gespür dafür, dass sie nicht dafür da sind, um Planungsvorgaben von Familie, Politik, Wirtschaft oder anderen Institutionen zu erfüllen.

Damit ist keineswegs gesagt, dass diese Vorgaben alle von Übel sind. Im Gegenteil, sie sind unvermeidbar und notwendig. Eltern verbinden mit ihren Kindern Visionen und Sorgen, sonst wären sie keine guten Eltern. Der Markt hat Interesse an gut ausgebildeten Arbeitskräften, sonst wäre er kein funktionierender Markt. Die Gesellschaft hat Interesse an ihrem eigenen Bestand und an der Stabilität ihrer Institutionen. Aber der eigentlich interessante Fall für eine Schulkonzeption ist dann gegeben, wenn sich Interessenskonflikte ergeben. Dann müssen sich die genannten Interessen in eine Hierarchie ein- und unterordnen, in der die Würde des konkreten jungen Menschen an erster Stelle steht.

Besonders dramatisch wird es, wenn Lehrer mit persönlichen Beziehungsinteressen an ihre Schutzbefohlenen herantreten – wenn sie narzisstisch an einem Fanclub unter Minderjährigen interessiert sind; wenn sie sich ihr Bedürfnis nach körperlicher Nähe oder ästhetischem Entzücken bei jungen Menschen erfüllen; wenn sie sadistische Motive in das pädagogische Handeln einfließen lassen. Verführungsstrukturen zwischen Lehrern und Schülern sind den Beteiligten manchmal nicht bewusst – den Verführten ohnehin meistens nicht. Das entschuldigt den Täter in keiner Weise, macht aber deutlich, wie gefährlich mangelnde Reflexionsfähigkeit in erziehenden und lehrenden Berufen ist. Das gilt unabhängig vom messbaren „Output". Aus der Perspektive der Opfer ist die Verführung unter dem „Schein des Guten" immer eine pädagogische Katastrophe, auch dann, wenn der „Output" zunächst einmal stimmt. Missbrauch in asymmetrischen Beziehungen ist entwürdigend und stürzt die Opfer ein Leben lang in eine Suche nach der eigenen Würde.

Deswegen verlangt der Lehrerberuf ein Wissen um die Grenzen, die ihm professionell gesetzt sind. Lehrer sind keine Eltern, sie können Eltern nicht ersetzen, genauso wenig wie Familien durch „Treibhäuser des Lernens" und andere erzieherischen Traumlandschaften ersetzt werden können. Nur wenn Lehrer diese Selbstbescheidung in ihrer Rolle erkennen, und nur wenn die Bildungspolitik die Grenzen dessen, was Schule leisten kann und darf, auch formuliert und respektiert, kann eine gute Nähe entstehen, die für das Gelingen von Bildung und Erziehung unverzichtbar ist. Wer Schule zu wichtig nimmt, hat ihr Scheitern schon programmiert. Wer Schule hingegen in ihrem ernsten, aber begrenzten Auftrag akzeptiert, der eröffnet ihr Chancen, durch die viel mehr möglich ist, als jegliche Bildungsplanung planen kann.

In dem vorliegenden Buch haben wir versucht, aus der Praxiserfahrung langjähriger Lehr-, Erziehungs- und Leitungstätigkeit einige grundlegende Einsichten zu benennen, die nach unserer Auffassung in der gegenwärtigen Debatte über Bildung und Schule zu wenig berücksichtigt werden. Wir tun dies nicht voraussetzungslos, sondern auf der Grundlage der jesuitisch-ignatianischen Tradition.[42]

15 Ignatianische Pädagogik

Die Waage

Was ignatianische Pädagogik will, lässt sich am besten mit dem Bild der „Waage" beschreiben, von der Ignatius in seinen „Geistlichen Übungen" (GÜ) oft spricht. Der Lehrer, „der die Übungen gibt", soll den Schüler, „der die Übungen nimmt", nicht auf die eine oder andere Seite seiner Seelen-Waage drücken, sondern ihn selbst erkennen lassen, wohin sich seine innere Waage neigt. Dazu muss der Lehrer oder die Lehrerin aber auch bei sich selbst in der Mitte der Waage stehen und frei von Druck sein. Der etwas kompliziert wirkende Text lautet: „Der die Übungen gibt, darf nicht den, der sie empfängt, mehr zu Armut oder einem Versprechen als zu deren Gegenteil bewegen … Es ist in diesen geistlichen Übungen beim Suchen des göttlichen Willens angebrachter und viel besser, dass der Schöpfer und Herr selbst sich seiner frommen Seele mitteilt, indem er sie zu seiner Liebe und seinem Lobpreis umfängt und sie auf den Weg einstellt, auf dem sie ihm fortan besser dienen kann. Der die Übungen gibt, soll sich also weder zu der einen Seite wenden oder hinneigen noch zu der anderen, sondern in der Mitte stehend wie eine Waage unmittelbar den Schöpfer mit dem Geschöpf wirken lassen und das Geschöpf mit dem Schöpfer und Herrn" (GÜ 15).

Die „Mitte" der Waage ist der Punkt an der Waage, von dem her das Ergebnis der Bewegung zwischen den beiden Waagschalen nicht beeinflusst werden kann. Wenn ich von der Mitte der Waage nach rechts gehe, senkt sich die rechte Waagschale, wenn ich nach links gehe, senkt sich die linke Waagschale. „In der Mitte" stehend überlasse ich hingegen die Waage ihrer Eigenbewegung. Angesichts einer Wahlmöglichkeit oder auch angesichts einer möglichen Einsicht dessen, „der die Übungen nimmt", soll sich der Lehrer also eher wie ein Begleiter verhalten. Er oder sie soll keinen Druck machen, dass der Schüler dies oder jenes erkennen möge oder sich so und nicht anders zu entscheiden habe.

Dazu muss sich der Lehrer innerlich auch bei sich selbst an den Punkt begeben, von dem her er das Ergebnis der Entscheidung beim Schüler nicht beeinflussen kann. Vereinfacht gesagt: Er muss sich zurückhalten. Das ist die ignatianische „Indifferenz", von der in den Geistlichen Übungen an vielen Stellen die Rede ist. Sie ist die Voraussetzung dafür, dass beim Schüler die Bewegung der beiden Waagschalen entsprechend dem Gewicht geschehen kann, das tatsächlich auf ihnen liegt. Beim Schüler beziehungsweise bei der Schülerin soll es wirklich zu einer eigenen Erkenntnis kommen, nicht zu der von der Schule gewünschten Erkenntnis. Schön ist es, wenn beides übereinstimmt. Aber die Freiheit im Vorgang der Erkenntnis ist entscheidend. Dorthin zu führen ist das Ziel ignatianischer Pädagogik.

Man kann es auch von der anderen Seite her formulieren: Die von der Schule angezielte Kompetenz des Schülers besteht darin, selbst in der inneren Disziplin der „Indifferenz" anzukommen. Denn natürlich kann nur der Schüler wirklich zu einer eigenen Einsicht und zu einem „reifen Urteil" (sanum iudicium) gelangen, der selbst in der Indifferenz geübt und nicht einfach nur seinen Launen und hergebrachten Gewohnheiten unterworfen ist. Die Indifferenz ist also auch die Grundhaltung, in die Schüler und Schülerinnen selbst hineinkommen sollen, um fähig zu werden, zu einer eigenen Einsicht zu gelangen. Deswegen überträgt Ignatius das Bild der Waage an anderer Stelle auch auf den, „der Übungen nimmt", den Schüler also: „Ich muss mich somit indifferent finden, ohne irgendeine ungeordnete Anhänglichkeit. Ich soll also nicht mehr dazu geneigt sein noch danach verlangen, die vorgelegte Sache zu nehmen, als sie zu lassen, noch mehr dazu, sie zu lassen, als sie zu nehmen. Vielmehr soll ich mich wie in der Mitte einer Waage finden, um dem zu folgen, wovon ich verspüre, dass es mehr zur Ehre und zum Lobpreis Gottes, unseres Herrn, und zur Rettung meiner Seele ist" (GÜ 179).

Dieses Herzstück der ignatianischen Pädagogik ist auch der Bezugspunkt für alle anderen pädagogischen Themen. Natürlich gibt es im Schulalltag ganz viele Dinge, die nicht einer „Abwägung" im genannten Sinne unterworfen sind. Beispielsweise die Differenz zwischen richtig und falsch: Ob $1 + 1 = 2$ oder $= 3$ ist, unterliegt nicht einem individuellen Abwägungsvorgang, bei dem ich mich zunächst einmal auf die Mitte der Waage begeben könnte. Ebenso wenig kann eine richtige oder falsche Vokabelbedeutung vom Gespür in der Seele abhängig gemacht werden.

Aber um solche Dinge geht es auch gar nicht: Die Richtig-Falsch-Differenz verhält sich zu den eigenen Erkenntnissen wie die Etüde zur Sonate: Man muss Etüden üben, um Sonaten spielen zu können. Wenn man die Sonate spielen kann, wird man auch erkennen, dass die Etüden hilfreich waren. Ebenso kann ein reifer Schüler erkennen, dass man durchaus auch aus eigener Einsicht zu der Erkenntnis kommen kann, dass $1 + 1 = 2$ ist und dass „welcome" „willkommen" bedeutet und nicht etwa „Scher dich zum Teufel!" – und dass dies alles ihm nun hilft, zu einer selbstständigen, immer reiferen Urteilskraft zu finden.

Dasselbe gilt auch für den disziplinarischen Rahmen der Schule. Es gibt vorgegebene Regeln, deren Geltung nicht von individuellen Abwägungsprozessen abhängig gemacht werden können. Gewalt ist tabu. Das Tabu ist schon gebrochen, wo ich es mir oder anderen gestatte, auch nur erwägen zu dürfen, ob ich in einem konkreten Falle einen Mitschüler entwürdigen darf oder nicht. Das ist aber kein Widerspruch zum pädagogischen Prinzip der Waage. Vielmehr erhalten alle disziplinarischen Regeln ihren Sinn im Blick auf die Ermöglichung eines Freiheitsraumes. Gewalt, egal von wem – von Mitschülern, Lehrern, Eltern oder von einem selbst –, zerstört den äußerst sensiblen, gefährdeten Raum, in dem ich mich auf die „Mitte der Waage" begeben kann, um selbst zu merken, wohin sich die Waage senkt.

Dasselbe gilt auch für gesellschaftlichen, familiären, instrumentalisierenden und funktionalisierenden Druck auf Schule. Hier muss die Schule im Interesse des Schülers widerstehen. Druck ist eine Form von Gewalt. Bildung aber soll die jungen Menschen in den verantworteten Umgang mit Freiheit einführen. Bildung befreit zum selbstständigen Vernunftgebrauch. Alle Gewalt muss vor diesem Raum der Freiheit halt machen.

Noch einmal zurück zum Bild der Waage. Sie steht auch für das, was mit dem Ausdruck „Würde" gemeint ist. Die Würde des Schülers besteht darin, dass er diese „Waage" in sich hat, durch die er selbst denken, erkennen und einsehen kann. Diese Würde dem Schüler oder der Schülerin erfahrbar zu machen bedeutet, ihm beziehungsweise ihr den Zugang zu der „Waage", genauer: zu der „Mitte der Waage" zu zeigen. Dabei wird er oft stolpern. Er wird auch Ärger bekommen mit all dem Druck, der die Waagschale in die eine oder andere Richtung drängen möchte – je nach Interessenslagen, Ängsten, Launen und Moden. Dagegen stützt ihn eine Pädagogik, die das Ich-Sagen stärkt, Verantwortungsräume eröffnet und den Schülerinnen und Schülern auch Rechte in transparenten Verfahren zugesteht – und die der Gewalt und dem Druck Grenzen setzt.

Kosten und Schmecken

Ignatianische Pädagogik legt Wert darauf, dass über die Bedeutung des Gelernten nachgedacht wird. Die Reflexionskompetenz ist das Exzellenz-Kriterium jesuitischer Schulen, nicht die Menge von bloßem Wissen, die ein Schüler im Laufe seiner Schullaufbahn ansammelt. Reflexion setzt zwar Wissen voraus. Schließlich muss das Nachdenken einen „Stoff", einen Gegenstand haben, über den es nachdenken kann. Aber die Fülle des Stoffes kann den Reflexionsprozess auch ersticken. Überlastete Lehrpläne und ausladende Stundentafeln behindern das Lernen. Ignatianische Pädagogik legt Wert darauf, dass Quantität zugunsten der Qualität von Lernprozessen reduziert wird.

In den „Geistlichen Übungen" verwendet Ignatius das Wort „schmecken", um zu zeigen, worauf es ihm ankommt: „Denn nicht das viele Wissen sättigt und befriedigt die Seele, sondern das Innerlich-die-Dinge-Verspüren-und-Schmecken" (GÜ 3). Das lateinische Wort für schmecken heißt sapere. „Sapiens", also weise, gebildet ist der Mensch, der schmecken, innerlich „verkosten" kann. Reflektieren im ignatianischen Sinne meint dieses „Schmecken". Ignatius entdeckte es auf dem Krankenlager bei der Lektüre von Büchern. Im „Nachgeschmack" spürte er innere Reaktionen auf das Gelesene, die ihn beschäftigten und zu neuen Erkenntnissen führten.

Für den pädagogischen Prozess lassen sich aus diesem Verständnis von Reflexion einige Grundsätze ermitteln. Zunächst: Erfahrungen sind potenzielle Lerngelegenheiten. Alle Wirklichkeit ist potenziell auch Lernstoff. Jedes Ereignis im Leben löst innere Reaktionen aus, auf die man reflektieren kann. „Gott suchen und finden in allen Dingen", oder auch: Nicht nur in den schönen und erbaulichen Ereignissen des Lebens soll man Erkenntnis gewinnen, sondern auch in den bitteren und harten Erfahrungen. Zur ignatianischen Reflexionskultur gehört es, vor Schwierigkeiten nicht auszuweichen. Der Lernstoff muss nicht gut schmecken, wenn in ihm eine mögliche Sinnerfahrung liegen soll. Vielmehr gibt es auch in zähem Lernstoff, in schwierigen Ereignissen des Lebens, in den Durststrecken und Grenzerfahrungen, in den Erfahrungen des Scheiterns und in trockenem Lernstoff etwas zu entdecken.

Der Reflexionsprozess ist ein innerer Prozess. Die Fragestellungen des Lehrers müssen den Schüler also immer wieder auf seine innere Erfahrung ansprechen, nicht nur auf die Reproduktion eines Lernergebnisses. Über die Bedeutung von etwas nachzudenken heißt ja, dass ich meine inneren Reaktionen auf ein Ereignis, einen Text oder irgendeine andere Wirklichkeit in den Blick nehme. Ignatius nennt diese inneren Reaktionen „Bewegungen" (motus) oder auch „Geister" (spiritus). Der Reflexionsvorgang bezieht sich also primär auf Affekte, auf „Geistesblitze", auf Assoziationen, auf weiterführende Gedanken. Gebildet ist also, wer sich vor oder neben das Gelernte zu stellen vermag, um es anzuschauen, es zu „verkosten" und sich dazu zu verhalten. Gebildet ist nicht, wer viel weiß, sondern wer reflektieren kann – wer sich also den eigenen Reaktionen auf Wirklichkeit und Lernstoff aller Art öffnen und mit ihnen umgehen kann.

Die Reflexion bezieht sich immer auf die inneren Reaktionen, die *jetzt* in mir sind. Bildung ist nicht in erster Linie Wissen über vergangene, sondern Umgang mit gegenwärtiger Erfahrung. Es ist nicht genug damit getan, die Kenntnis eines traditionellen Bildungskanons zu vermitteln. Vielmehr muss Urteilsfähigkeit gelernt werden, wenn man sich in die Tradition derer stellen will, die Traditionen durch ihr eigenes Urteil und dem daraus folgenden Handeln begründet haben. Dasselbe gilt für das Ziel der Wertevermittlung: Sie entsteht nicht in erster Linie durch die Kenntnis von Wertetraditionen, sondern durch die Reflexion auf eigene

Erfahrungen. Das bedeutet nicht, dass die Kenntnis von Traditionen verzichtbar wäre. Es ist nur die Frage, wie man sich mit ihnen in der Schule beschäftigt. Um es zugespitzt zu sagen: Schule soll sich mit Sokrates so befassen, als würde er heute zu uns sprechen. Vielleicht kommt dann heraus, dass er uns mehr zu sagen hat als viele andere, die heute zu uns sprechen.

Für eine solche Reflexionskultur braucht Schule Zeit. Sie braucht ein Prüfungsformat, das sich nicht in Multiple-choice-Verfahren erschöpft. Sie braucht eine Unterrichtsatmosphäre, in der Schüler und Schülerinnen tatsächlich reflektieren, also eigene Erfahrungen ansprechen und aussprechen können. Alle anderen Elemente des Schulalltags, zu denen dann auch einmal Eile, Pauken und Wissensreproduktion gehören können, müssen auf diese Schlüsselkompetenz hingeordnet sein.

Perspektivwechsel

„Gerechtigkeit" ist ein weiteres Kernanliegen ignatianischer Pädagogik. Im Gleichnis vom barmherzigen Samariter (Lk 10,29–37) wird erzählt, wie zwei Leviten an einem Menschen vorbeigehen, der unter die Räuber gefallen ist und am Wegesrande liegt: „Sie sahen ihn und gingen weiter." Erst der Dritte, ein Mann aus Samarien, bleibt stehen: „Er sah ihn und hatte Mitleid mit ihm." Was ist geschehen? Ist es Zufall, dass die einen sehen und vorbeigehen, während der andere sieht und stehen bleibt? Haben die Leviten überhaupt „gesehen", oder haben sie zwar gesehen, aber eigentlich gar nicht gesehen? Was haben sie übersehen? Wodurch kommt es, dass sie übersehen haben? Hatten sie wichtige Termine in Jericho? Waren sie in Gedanken mit etwas anderem beschäftigt? Fühlten sie sich nicht zuständig? Diese Ausgangsfrage, die sich aus dem Evangelium ergibt, ist auch die Ausgangsfrage einer Gerechtigkeits-Pädagogik im ignatianischen Sinne.

„Sehen sollen sie, sehen, aber nicht erkennen; hören sollen sie, hören, aber nicht verstehen." (Mk 4,12) Es gibt etwas, das viele Menschen nicht sehen, obwohl sie es sehen. Dies gilt insbesondere für die „blinden Führer" (Mt 23,24). Zugespitzt ist die Situation der Verblendung in der Kreuzigungsszene: „Sie wissen nicht, was sie tun." Die Meute stürzt sich auf den Außenseiter, das Volk schaut zu, und alle halten das alles irgendwie für in Ordnung. Das Gegenstück zum „blinden Führer" ist der Typ des Propheten; ein Mensch, der etwas sieht, was die anderen nicht sehen: ein Unrecht, eine Täuschung, ein kollektives Missverständnis. Dieses Sehen führt, wie die ursprüngliche Bedeutung des Wortes Prophet mitsagt, zum Sprechen, zum Aussprechen des Gesehenen. Solches Sprechen ist nicht ungefährlich, denn es deckt zugleich die Blindheit der Blinden auf und fordert zum Umdenken, zu einem Perspektivwechsel auf.

Das Sehen löst Mitleid und damit auch Handeln aus. Viele Heilungsgeschichten im Evangelium laufen nach dem Schema: Er sah, er hatte Mitleid, er heilte. Das Herz lässt sich durch das Gesehene erwärmen und erweichen. Dieser Aspekt schwingt in dem Wort „Barmherzigkeit" mit. In der biblischen Terminologie hängen der Anblick eines Leidens, das Sehen einer „himmelschreienden" Ungerechtigkeit und die Barmherzigkeit zusammen. Was im Gleichnis vom barmherzigen Samariter geschieht, ist zunächst Unrecht: Ein Mensch wird in seiner Würde verletzt – das ist das erste Unrecht; Menschen sehen es und gehen daran vorbei – das ist das nächste Unrecht. Denn die verletzte Würde des anderen geht mich an; ich tue Unrecht, wenn ich mich dem entziehe. Das ist die grundlegende Forderung der Gerechtigkeit im biblischen Sinne. Der Perspektivwechsel kommt über das Mitleid zustande. Für die Schulpädagogik lautet die Frage also: Wie können Schülerinnen und Schüler zu einem Perspektivwechsel angeregt werden, der das Anliegen Gerechtigkeit im vollen Sinne des Wortes erkennt?

Das Thema Gerechtigkeit ist im Schulalltag allgegenwärtig. Zu den Erwartungen von Schülern an Lehrer gehört in erster Linie, dass sie gerecht sein sollen. Sie sollen ihre Aufmerksamkeit gerecht verteilen, sie sollen gerecht benoten, sie sollen nicht ungerecht bestrafen. Der Schülerdiskurs über die Gerechtigkeit hat auch immer eine Schattenseite. Das Stichwort „Gerechtigkeit" wird gern genutzt, um Lehrer oder Erzieher für die Durchsetzung der eigenen Interessen zu instrumentalisieren. Der Lehrer oder Erzieher soll in Streitereien zwischen Schülern im Namen der Gerechtigkeit schlichten. Oder er soll im Namen der Gerechtigkeit nachgeben und sich den Wünschen der Schüler fügen.

Jugendliche denken den Begriff der „Gerechtigkeit" aus ihrer asymmetrischen Position gegenüber den Lehrern heraus meist im Sinne der klassischen „iustitia distributiva": Gerechtigkeit wird von oben durch gerechte Zuteilung hergestellt. Der Gerechtigkeitsdiskurs läuft über den Vergleich mit den Mitschülern: Wenn ich im Vergleich zum anderen Schüler das Gleiche erhalten habe, ist der Lehrer gerecht.

Sicherlich ist die Verteilungsgerechtigkeit ein wesentlicher Aspekt der Gerechtigkeit. Hier eröffnet sich ein weites Feld, in dem die Schule durch ihr Verhalten zeigen kann, dass der Gleichheitsbegriff neben der rein quantitativen Bemessung auch andere Dimensionen hat – zwischen „jedem das Gleiche" und „jedem das Seine". Aber die Verteilungsgerechtigkeit trifft nicht das Ganze des biblischen Gerechtigkeitsbegriff. Zwei wichtige Stichworte aus dem Vokabular ignatianischer Pädagogik sind hier zu nennen: „Glaube, der sich für Gerechtigkeit einsetzt", sowie: „Option für die Armen".

Ignatianische Pädagogik will zu einem Glauben ermutigen, der sich für Gerechtigkeit einsetzt. In dieser Aussage ist vorausgesetzt, dass der Akt des Glaubens und der Einsatz für Gerechtigkeit nicht getrennt werden können. „Die Liebe muss mehr in die Werke als in die Worte gelegt werden" (GÜ 230), heißt es lapidar bei Ignatius. Das gilt auch außerhalb des explizit christlichen Kontextes. Ignatius beschreibt in seiner Menschwerdungsbetrachtung (GÜ 101ff), wie die dreifaltige Gottheit die Welt betrachtet und durch dieses Sehen der Impuls in ihr ausgelöst wird, dass der Gottessohn Mensch wird, um „den Seelen zu helfen", die Menschen zu retten. Die Reihenfolge ist dieselbe: sehen, bewegt sein (Mitleid haben) und handeln; auf die andere Seite des Grabens gehen; die Mauer zwischen Reich und Arm überspringen; die Perspektive verändern.

Eines, was im Positionswechsel gelernt wird, ist ein neuer Blick auf die Wirklichkeit. Deswegen kann man die Zuwendung Gottes zur Welt oder des Samariters zum Geschlagenen auch als einen Perspektivwechsel beschreiben. Hier kommt das zweite Stichwort ins Spiel: „Option für die Armen". Indem ich mich an die Seite der Armen stelle, sehe ich die Welt aus ihrer Perspektive und erkenne überhaupt erst wirklich die Frage nach der Gerechtigkeit. Die Armen sind ein „Ort", an dem etwas gelernt wird. Deswegen bedeutet die Umsetzung der Option für die Armen in die Pädagogik, Ortswechsel zu ermöglichen und so die Perspektive zu verändern.

Vielleicht erschüttert den Samariter zu Beginn einfach nur das Leiden, das er sieht. Doch indem er sich erschüttern lässt, begibt er sich auf die Seite des Armen und beginnt, den Weg, auf dem er bisher ging, und die Welt, in der er bisher lebte, mit anderen Augen zu sehen. Eine Pädagogik, welche die Frage nach der Gerechtigkeit stellt, muss diesen Perspektivwechsel schon für die Schule im Blick haben.

Das Stichwort vom „Perspektivwechsel" ist auch hilfreich, um das Anliegen der Gerechtigkeit tatsächlich in eine Lernkonzeption einzuordnen. In der Schule geht es um Lernen. Es geht nicht darum, Verhalten über moralischen Druck anzupassen oder eine Gesinnung von oben zu verordnen. Gerade hier kann in der asymmetrischen Lehrer-Schüler-Beziehung viel schief laufen. „Zu viel Ethik verdirbt die Moral", heißt es. Sicher ist: Wenn die Instruktion in der Schule ethische Standards mit Macht durchsetzen will, wird sie das Gegenteil erreichen.

Das bedeutet nicht, dass die Schule nicht disziplinarisch eingreifen muss, wenn es zu Gewalt und Entwürdigung in der Schule kommt. Doch moralische Erkenntnis im eigentlichen Sinn wächst nur im Raum der Freiheit. Dieser muss einerseits von der Schule geschützt werden, aber dann andererseits auch wirklich als Ort der Freiheit eröffnet werden. Um es an einem Beispiel deutlich zu machen: In einem Praktikum arbeiten Schülerinnen und Schüler vier Wochen lang in einer Behindertenwerkstatt mit. Die Nähe zu behinderten Menschen ermöglicht ihnen einen Perspektivwechsel. Aber dieser Perspektivwechsel kann nicht befohlen werden, noch kann vorher über eine Lernzielplanung allzu eng festgelegt werden, welche neuen Erkenntnisse gewonnen werden sollen. Die Erfahrungen mit den „Sozialpraktika" an den Jesuitenkollegien zeigen, dass gerade hier die Erkenntnisse besonders nachhaltig wirken, wenn man nicht zu eng plant. Schule muss auch der Eigendynamik von Prozessen trauen, die sie im Rahmen solcher und vergleichbarer Perspektivwechsel ermöglicht.

Schule kann Perspektivwechsel „üben". Für einige Wochen die Perspektive von Obdachlosen, Alten, Behinderten, Kranken annehmen – nicht, um ein gutes moralisches Gefühl zu bekommen; nicht, um einmal vier Wochen lang Nächstenliebe zu praktizieren, sondern um sehen zu lernen. Zum Sehen kommt es durch die Erfahrung und durch die anschließende Reflexion. Weil dies im schulischen Kontext geschieht, handelt es sich um eine „Übung". Es soll nicht „Mitleid" als Lernergebnis herauskommen. Mitleid ist Geschenk. Allerdings ist eine Sensibilisierung möglich für den nicht-machbaren Augenblick, an dem mich der Pfeil des Mitleids real trifft.

Die Armutssituation kommt auch im Leben der Schule vor, am sinnenfälligsten in der Außenseiterproblematik. Also in der Brutalität von Schülermeuten, die sich auf einen in ihrer Klasse stürzen und „nicht wissen, was sie tun", aber es tun. Wenn eine Meute sich auf ein Opfer stürzt, ist es nicht die Aufgabe von Lehrkräften, die Situation zu nutzen, um der Meute ein Lernerlebnis zum Stichwort „Ausgrenzung" zu ermöglichen, sondern es ist Aufgabe der Autoritäten, einzuschreiten und die Gewalt zu beenden. Der zweite Schritt ist dann jedoch ein pädagogischer: Schülern helfen, ihre eigene Blindheit zu durchbrechen, indem ihnen ein Perspektivwechsel auf die Seite der Opfer ermöglicht wird. Pädagogische Möglichkeiten und Methoden dazu gibt es viele. Sie gehören zu einer Pädagogik, welche die Frage nach der Gerechtigkeit stellt. Denn das Problem der Gewalt ist ein Problem der Gerechtigkeit.

Armut ist schambesetzt. Wie sehr sie das ist, können diejenigen nur schwer verstehen, die nicht arm sind. Wenn arbeitslos gewordene Eltern um Erlass des Beitrags für die Klassenfahrt bitten, dann setzt das voraus, dass sie sich zu ihrer Situation bekennen. Das ist nicht selbstverständlich. Manche werden ihr Kind lieber abmelden, um niemandem „auf der Tasche zu liegen", als die Unterstützung anzunehmen, von der in bildungspolitischen Diskursen unter dem Stichwort „Stipendien" so gern geredet wird. Wenn die Kosten für eine Klassenfahrt steigen, dann legen sich die Minderbemittelten lieber krumm, als auf dem Elternabend zuzugeben, dass die Kosten für sie eigentlich zu hoch sind. Wenn im Unterricht über Sozialhilfe gesprochen wird, dann werden Kinder aus Familien, die von der Sozialhilfe abhängen, am wenigsten zu diesem Thema aus ihrer eigenen Erfahrung beitragen, sondern stumm dasitzen und zuhören, wie andere über sie reden, ohne zu wissen, dass sie es tun.

Der gesellschafts- und sozialpolitische Diskurs findet in der Schule immer unter der Fiktion sozialer Gleichheit zwischen den Lernenden statt – und muss es auch. Aber die Fiktion der Gleichheit (in anderen Ländern sinnenfällig durch die Schulkleidung) muss der Schule immer als Fiktion bewusst sein. Die reale Ungleichheit existiert unter der Decke, und es besteht auf den vielfältigsten Ebenen die Möglichkeit, entweder wie die beiden Leviten an dieser Tatsache vorbeizugehen oder stehen zu bleiben und die Perspektive zu wechseln.

Die Frage nach der Gerechtigkeit zu stellen ist nicht die Frage nur eines Faches. Sie ist ein fächerverbindendes Element und kann in allen Fächern gestellt werden. Die Frage nach der Gerechtigkeit zu stellen, heißt: die Frage nach Perspektive auf das Fach zu stellen.

Die Frage nach Gott

Die „Frage nach Gott" ist in der ignatianischen Pädagogik keineswegs nur eine Frage, die religiös gebundene Schülerinnen und Schüler in die Schule mit hineinbringen. Im Berliner Streit um den Religionsunterricht 2009 wurde die Debatte darüber exemplarisch geführt. Auch Atheisten stellen die Frage nach Gott – und beantworten sie negativ. Und schließlich fragen Kinder aus religionslosem Elternhaus anlässlich des Todes eines lieben Menschen auch in der Schule: „Glauben Sie, dass meine Mutter jetzt bei Gott ist?" Wenn ein Lehrer oder Erzieher diese Frage in der Schule gestellt bekommt, ist er zum Bekenntnis herausgefordert – zu einer aufrichtigen Antwort. Die Antwort kann Ja oder Nein oder „Ich weiß es nicht" lauten. Aber sie darf nicht unehrlich sein, beispielsweise in der Absicht, schnellen

Trost zu spenden oder die Frage abzuwimmeln, weil sie einen selbst verunsichert.

Die Rede von „christlicher Erziehung" reflektiert ja zunächst nicht auf exklusiv christliche Inhalte oder gar auf exklusiv christliche Werte. Welche sollten das auch sein? Christliche Erziehung zieht ihren Geist und ihre Kraft zuerst aus einer gewissen Gelassenheit des Erziehenden, dass das Grundlegende bereits zugrunde liegt. Bevor Orientierung angeboten oder gar vorgegeben wird, weiß der Christ sich schon orientiert – von Gott her. Der Blick auf den Menschen und auf die Welt als Schöpfung Gottes verändert die Ausrichtung und ist unseres Erachtens der beste Ansatz, um zu verstehen, was an christlichen Schulen und Internaten „anders" läuft beziehungsweise anders laufen sollte. Das Besondere dieses Blickwinkels oder dieser Grundhaltung liegt darin, dass das Geschaffen-Sein den Menschen zu wirklicher Menschlichkeit freisetzt, dass also der Mensch gerade in seiner Kreatürlichkeit wirklich autonom ist.

Gott hat den Menschen so geschaffen, dass dieser sein Gesetz in sich selbst hat, ohne sich dabei selbst zu genügen. Wenn ich als Kind und Jugendlicher lerne, dass ich Sinn nicht selber stiften kann und muss, komme ich später in Sinnkrisen leichter zurecht. Wer erfährt, dass er um seiner selbst willen geachtet wird, tut sich leichter mit der Achtung anderer. Wer offen ist für religiöse Erfahrung und geübt im religionskritischen Diskurs, der ahnt, dass die Welt mehr beinhaltet als das, was begreifbar ist, was nützlich ist und Erfolg verspricht. Wer alles ergriffen hat, wenn er nur die Welt begriffen hat, der greift zu kurz. Das unterscheidet den religiösen Menschen vom nicht-religiösen Menschen. Es deutet, so unsere Meinung, am ehesten auf das hin, was mit der oft verschwommenen Rede vom christlichen Menschenbild gemeint ist.

Auch im schulischen Alltag taucht die Frage nach Gott an allen Ecken und Enden auf: Der Mitschüler, der in der

Pause den Gebetsteppich ausbreitet, stellt sie ebenso wie die Schülerin, die vor dem Essen ein Kreuzzeichen macht, oder der atheistische Schüler, der die Existenz Gottes im Unterrichtsgespräch bestreitet. In allen Fächern kann die Frage nach Gott vorkommen, und in vielen ist sie unvermeidlich, zumal sie so tief in der Kultur der Menschheit verwurzelt ist, dass sie gar nicht übergangen werden kann. Auch die großen Ereignisse, die den Schulalltag unterbrechen, lassen die Frage hochkommen: Wie reagiert die Schule auf den Krebstod eines Schülers, wie auf den lebensgefährlichen Unfall einer Lehrerin, die im Koma liegt? Hat die Schule Rituale zur Verfügung, um auf Trauer und Freude, auf Angst und Hoffnung zu reagieren, die ja auch eine Schule als Ganze ergreifen können?

Die christlichen Kirchen haben für die Konzeption des Religionsunterrichts an Schulen ebenfalls den Begriff der „Frage nach Gott" eingeführt. Religionsunterricht soll zu einem kritischen, verantworteten Umgang mit der Frage nach Gott hinführen. Die Wortwahl zeigt, dass die Erkenntnis- und Freiheitsperspektive im Blick ist: Es geht in der ignatianischen Pädagogik auch bei der Frage nach Gott darum, Erkenntnis in Freiheit zu ermöglichen. Ebenso wie in anderen Fächern ist das nicht mit Beliebigkeit zu verwechseln. Auch bei der Befassung mit der Frage nach Gott kann Schule Rationalitätsstandards vermitteln, die nicht unterschritten werden sollten. Das macht im Übrigen Jugendliche auch wetterfest gegen fundamentalistische Rattenfänger aller Art. Die Frage nach Gott aus der Schule auszugrenzen bedeutet in der Konsequenz ja auch, die junge Generation ohne Qualitätskriterien an den religiösen Markt weiterzureichen.

An kirchlichen Schulen ist es leichter, religiöse Handlungen als Bezugspunkt für Reflexion in der Schule zu praktizieren: Schulgebet, Gottesdienste, Meditation. Aber die Voraussetzungen bei den Schülerinnen und Schülern sind in kirchlichen Schulen oft auch nicht mehr so sehr viel anders als an staatlichen Schulen. Auch im kirchlichen Milieu hat die Säkularisierung Einzug gehalten. Es kann ebenso zu dem umgekehrten Fall kommen, dass ein säkulares, laizistisches Schulkollegium auf eine religiös stark geprägte Schülerschaft stößt, und zwar gerade auch in Schulen mit einer hohen Migrantenquote. Alle diese Konstellationen stellen neue Herausforderungen an die Schule.

Gute Erfahrungen konnten in den letzten Jahren in diesem Bereich gesammelt werden mit einer Grundannahme, von der auch die ignatianische Pädagogik ausgeht: dass es nämlich im Bereich des Religiösen neben dem Bekenntnis auch das „Üben" gibt. Religiöse Praxis lässt sich sozusagen propädeutisch üben oder auch erproben: durch gemeinsames Schweigen, gemeinsames Singen, elementare Rituale, an denen alle Kinder einer Schule teilnehmen können. Die Frage nach Gott ist auf der praktischen Ebene für eine Schule bereits beantwortet, wenn es Riten gemeinsamen Schweigens gibt, in denen gefüllte Stille erfahren wird – was mehr ist als nur äußere Ruhe. Ein Beispiel: Nach den Terroranschlägen auf das World Trade Center in New York und das Pentagon bei Washington am 11. September 2001 verordnete der Senat in Berlin für alle Schulen eine Schweigeminute zu einer bestimmten gemeinsamen Zeit. Viele Schulen fühlten sich verständlicherweise mit dieser Ansage überfordert, da gerade die Minuten gemeinsamen gedenkenden Schweigens besonders gefährdet sind durch Störer. Wo es keine Übung in solchem Schweigen gibt, kann es auch nicht von heute auf morgen befohlen werden. Wo aber eine Schule als Teil ihres pädagogischen Selbstverständnisses solche vorliturgischen Formen übt, werden sie mit Gewinn praktiziert, wenn eine entsprechende existenzielle Situation da ist.

Noch ein Beispiel: Ein beliebter Lehrer hatte einen schweren Unfall und lag im Koma. Die Schule war erschüttert und bangte um sein Leben. Alle Lehrer und Schüler versammelten sich in der Turnhalle. In der Mitte wurde ein Kerze angezündet. Ein Lehrer und zwei Schüler wurden beauftragt, die Kerze von der Turnhalle aus in die Kapelle zu tragen, und der Rest der Schüler wurde gebeten, den Weg hin und zurück mit den drei Personen und der Kerze in der Phantasie mitzugehen. Schweigen und Phantasiereisen waren in der Schule eingeübte Praxis. So ging die gesamte Schule, auf dem Boden der Turnhalle sitzend, schweigend und in Stille den Weg in die Kapelle in der Phantasie mit, wo die Kerze abgestellt wurde. Nachdem die drei Träger zurückkamen, wurde noch ein Gebet gesprochen. Den Rest der Woche konnten sich alle, die es wollten, vor der Kerze versammeln und dort Zettel mit Gebeten und Anliegen hinlegen.

Für ignatianische Pädagogik gehören die intellektuelle und die praktische Befassung mit der Frage nach Gott zusammen. Gerade auf der praktischen Ebene gilt das Prinzip: Weniger ist mehr. Denn auch für die religiöse Praxis kommt es mehr auf die Qualität als auf die Quantität an. Für die Kinder und Jugendlichen ist damit auch ein Raum eröffnet, in der sie ihre Würde erfahren können, und zwar als Gottesebenbildlichkeit.

Schlussbemerkung

Wir haben unsere Überlegungen mit dem kritischen Hinweis auf Lenins Diktum begonnen, dass Vertrauen zwar gut, Kontrolle aber besser sei. Nach unserer Auffassung ist Kontrolle zwar gut, Vertrauen aber besser. Schule, die pädagogisch auf das Prinzip Vertrauen setzt, ist – neben der familiären Erziehung – letztlich die wichtigste und effektivste Ressource für eine demokratische Gesellschaft. Wer Schule hingegen dem Regiment von Sicherheit und Kontrolle unterwirft, wer im Konfliktfall prinzipiell immer mehr auf Disziplin, Planbarkeit und Berechenbarkeit als auf Vertrauen setzt, zerstört Demokratie.

Der Grund für diesen Zusammenhang besteht darin, dass Freiheit Vertrauen voraussetzt. Das klingt in Sonntagsreden oft an, ist aber in der Schule tatsächlich eine tägliche Erfahrung. Gerade deswegen muss in der Schule auch täglich darüber nachgedacht werden, an welcher Stelle den Kontrollimpulsen Grenzen gesetzt und Freiheitsräume eröffnet werden können.

Freiheit muss zugetraut werden. Jugendliche brauchen dieses Zutrauen ganz besonders. Freiheit zuzutrauen bedeutet, jungen Menschen etwas zuzutrauen, sie von Anfang an nicht bloß als Objekte zu sehen, sondern als Subjekte zu würdigen. Vertrauen geschieht immer zwischen Personen. Kontrolle betrifft zwar auch Personen, unterwirft sie aber zugleich einem äußeren Regiment. Wir haben oft genug betont, dass dieser Aspekt des Lebens auch in der Schule seine positive Bedeutung hat. Aber Vertrauen ist deswegen besser, weil erst im Vertrauen die Begegnung zwischen Personen stattfindet – die Begegnung von Lehrenden und Lernenden als Personen. Und genau darin können sie sich als Freiheitswesen erfahren.

Auch die Demokratie lebt vom Vertrauen. Die Tyrannen und die tyrannischen Systeme misstrauen dem Volk von Grund auf. Sie setzen auf das Prinzip Sicherheit und führen damit in die Unfreiheit. Vertrauen hat aber immer einen Aspekt der Unsicherheit. Es besteht nämlich, wo immer es geschenkt wird, in einer einseitigen Vorgabe. Vertrauen kann immer missbraucht werden. Mehrheiten können irren, Völker auf Tyrannen hereinfallen und Schüler pädagogischen Rattenfängern zujubeln. Doch solche Erfahrungen sind kein Grund, Vertrauen zurückzuziehen und auf Sicherheit durch Kontrolle, Disziplin und Zwang zu setzen.

Eine demokratische Gesellschaft lebt davon, dass es in ihr ein Grundvertrauen gibt für das Rechtsempfinden in einem Volk; ein Grundvertrauen darauf, dass sich durch die eigene Vernunft ein Begriff des Allgemeinwohls entdecken lässt, für das jeder Mensch eine Mitverantwortung trägt, nicht nur „die Politiker", in der Schule nur „die Schulleitung", in der Kirche nur „die Bischöfe" und in der Familie nur „die Eltern". Eine Gesellschaft, die sich nur als Ansammlung von Individuen versteht und Politik nur als Koordinatorin von unterschiedlichen Gruppeninteressen, hat das Vertrauen in sich selbst aufgegeben. Die Jugend sollte diese Zusammenhänge in der Schule erfahren und den Umgang damit lernen. Nur so eröffnet Schule verantworteten Umgang mit Freiheit und wird so auch zur Grundlage einer rechtsstaatlichen und demokratischen Gesellschaftsordnung. Das setzt aber genau das voraus, womit wir angefangen haben: dass die Schule als System den Kindern und Jugendlichen in der Grundhaltung des Vertrauens entgegentritt.

Lehrer brauchen keine Eltern zu sein, um Jugendlichen dieses Vertrauen zu geben. Und Eltern brauchen keine Kunden zu werden, um dieses Vertrauen zu erkaufen. Was sich zwischen Lehrenden und Lernenden tut, entspringt aus unkäuflichen Quellen, die entweder sprudeln oder nicht sprudeln. Von außen lässt sich da nichts manipulieren. Man muss selbst in die Schule einsteigen, wenn man an diese Quellen herankommen will – in sich selbst und bei anderen.

Anmerkungen

1 Wilhelm Busch hat in „Max und Moritz" die wohl populärste Definition geliefert, was Schule ist und soll: „Also lautet ein Beschluss: dass der Mensch was lernen muss. Nicht allein das Abc bringt den Menschen in die Höh, nicht allein im Schreiben, Lesen übt sich ein vernünftig Wesen; nicht allein in Rechnungssachen soll der Mensch sich Mühe machen; sondern auch der Weisheit Lehren muss man mit Vergnügen hören. Dass dies mit Verstand geschah, war der Lehrer Lämpel da." Ohne Diskussion ist klargestellt: Der Mensch braucht Bildung, die weit über bloßes Wissen hinausgeht; die Aufgabe, sie ihm zu vermitteln, obliegt nicht irgendwem, sondern dem Lehrer beziehungsweise der Schule.
2 Roman Herzog, der als Bundespräsident mehrfach zum „Aufbruch in der Bildungspolitik" gemahnt hat, hebt als zentrale Bedeutung der Bildungspolitik eine „Persönlichkeitsbildung" hervor, „die die jungen Menschen auch wetterfest macht". Ansprache bei der BDI-Jahrestagung, 18.6.1996, und öfter.
3 Siehe Seite 137.
4 „Bildung für alle". Berliner Rede von Bundespräsident Horst Köhler an der Kepler-Oberschule in Berlin-Neukölln, 21.9.2006. Köhler führt weiter aus: „Bildung bedeutet nicht nur Wissen und Qualifikation, sondern auch Orientierung und Urteilskraft. Bildung gibt uns einen inneren Kompass. Sie befähigt uns, zwischen Wichtig und Unwichtig und zwischen Gut und Böse zu unterscheiden. Bildung hilft, die Welt und sich selbst darin kennenzulernen. Aus dem Wissen um das Eigene kann der Respekt für das Andere, das Fremde wachsen. Und sich im Nächsten selbst erkennen, heißt auch: fähig sein zu Empathie und Solidarität. Bildung ohne Herzensbildung ist keine Bildung. Erst wenn Wissen und Wertebewusstsein zusammenkommen, erst dann ist der Mensch fähig, verantwortungsbewusst zu handeln. Und das ist vielleicht das höchste Ziel von Bildung."
5 Das „Forum Familie stark machen" erarbeitet seit 2006 alle zwei Jahre in Kooperation mit dem Institut für Demoskopie Allensbach eine repräsentative Studie zu den aktuellen Entwicklungen der Generationen und Familienbeziehungen in Deutschland. Leitthema 2009 war Erziehung: „Das Generationen-Barometer 09". Die Studie erscheint im November 2010 als Taschenbuch.
6 Josef Kraus: „Ist die Bildung noch zu retten? Eine Streitschrift". Herbig Verlag, München 2009, S. 71; vgl. auch ders.: „Spaßpädagogik. Sackgassen deutscher Schulpolitik". Universitas Verlag, München ^{2}2000.
7 Zum Schuljahr 2007/08 hat die Willy-Helpach-Schule in Heidelberg als erste Schule in Deutschland das Unterrichtsfach „Glück" eingeführt. Ziel – so Schulleiter Ernst Fritz-Schubert – sei nicht, „alle Schüler glücklich zu machen", sondern die „Förderung von persönlicher Zufriedenheit, Selbstsicherheit, Selbstverantwortung und sozialer Verantwortung"; vgl. dazu Ernst Fritz-Schubert: „Schulfach Glück", Herder Verlag, Freiburg 2008. Dagegen fordert etwa Bernhard Bueb, der ehemalige Leiter der Internatsschule Schloss Salem: „Schule sollte

glücklich machen, stattdessen ist sie eine lästige Pflicht" (zuletzt in „Schwabacher Tagblatt", 6.3.2010).

8   Laut einer Studie der Bertelsmann-Stiftung zu „Glück, Freude, Wohlbefinden – welche Rolle spielt das Lernen?" (2008) empfinden es 40 Prozent der Befragten als persönliche Quelle für Glück, immer wieder etwas Neues lernen zu können.

9   PISA: „Programme for International Student Assessment", 2000 erstmals durchgeführt, testet alle vier Jahre die Kompetenzen 15-jähriger Schülerinnen und Schüler in den Bereichen Leseverständnis, Mathematik und Naturwissenschaften.

Der Bericht „Bildung auf einen Blick. OECD-Indikatoren" wurde erstmals 1992 herausgebracht.

TIMSS: „Trends in International Mathematics and Science Study", wird seit 1995 alle vier Jahre in bis zu drei Klassenstufen durchgeführt; Deutschland hat sich an den Studien 1995 und 2007 beteiligt.

IGLU: „Internationale Grundschul-Lese-Untersuchung", wird seit 2001 alle fünf Jahre erhoben; die Iglu-Erweiterungsstudie testet zusätzlich Mathematik und Naturwissenschaften.

10   Seit 2004 veröffentlich die Initiative Neue Soziale Marktwirtschaft (INSM) jährlich einen „Bildungsmonitor"; dieser Leistungsvergleich der Bundesländer orientiert sich an den bildungspolitischen Vorstellungen der Arbeitgeber.

11   Josef Kraus, Bildung, S. 163.

12   Deutsches Pisa-Konsortium (Hrsg.): „Pisa 2000. Basiskompetenzen von Schülerinnen und Schülern im internationalen Vergleich", Verlag Leske + Budrich, Opladen 2001, S. 21 und 16.

13   Jochen Krautz, „Ware Bildung. Schule und Universität unter dem Diktat der Ökonomie", Verlag Diederichs, München 2007, S. 82f., zieht den Vergleich: „Pisa-Kompetenzen sind ein Ersatzstoff für echte Bildung. Sie schmecken genauso wenig [wie Süßstoff] und haben noch unbekannte Nebenwirkungen. Die Behauptung einer ‚Bildungskatastrophe' lässt sich aus Pisa also nicht ableiten. Vielmehr wird hier in katastrophaler Weise Bildung umgedeutet."

Der Bamberger Bildungssoziologe Fritz Reheis stellt in seinem Buch „Bildung contra Turboschule! Ein Plädoyer", Herder Verlag, Freiburg 2010, unter anderem die Gefahr heraus, dass unsere Schulen – nicht zuletzt als Folge einer grassierenden „Testeritis" – immer mehr „Fastfood-und Wegwerfbildung" produzieren (S. 24 ff, 36 und öfter).

14   Die Pisa-Autoren beziehen sich dezidiert nicht auf nationale Lehrpläne (Pisa 2000, S. 19 u.ö.). Der Mathematikunterricht etwa ist in Deutschland eher theoretisch ausgerichtet, in anderen Staaten mehr anwendungsorientiert.

15   „Focus Schule online", 8.7.2008; die Bewertungen wurden unter www.schulkompass.de, der Datenbank von „Focus Schule", abgegeben.

Eine im Sommer 2009 durchgeführte Umfrage unter bayerischen Gymnasialanfängern und deren Eltern ergab, dass sich mehr als 75 Prozent der Jungen und Mädchen auf den Schulwechsel gefreut hatten, nur 8,4 Prozent hatten sich unter Druck gesetzt gefühlt. Nur drei Prozent gaben am Ende des ersten Gymnasialjahres an, dass sie Schwierigkeiten mit dem Einleben hatten. Ähnliche Ergeb-

nisse erbrachte eine Befragung von Viertklässlern 2007 durch das Dortmunder Institut für Schulentwicklungsforschung; danach machten sich nur 7,7 Prozent der Schüler Sorgen um den bevorstehenden Schulwechsel.
16 Institut für Demoskopie Allensbach: „Aktuelle Fragen der Schulpolitik und das Bild der Lehrer in Deutschland", 31.3.2010. Die Umfrage wurde von der Vodafone Stiftung Deutschland im Rahmen des Wettbewerbs „Deutscher Lehrerpreis – Schule innovativ" in Auftrag gegeben; die Stiftung richtet diesen Wettbewerb zusammen mit dem Deutschen Philologenverband aus. Ein interessantes Ergebnis: 51 Prozent der Gesamtbevölkerung, aber nur 22 Prozent der Schuleltern sagen, dass Lehrer viel über ihre berufliche Belastung klagen; umgekehrt räumen nur 22 Prozent der Schuleltern ein – in der Gesamtbevölkerung sind es 42 Prozent –, dass Lehrer oft hart von Eltern kritisiert werden.
17 Olaf Köller, Michael Knigge, Bernd Tesch (Hrsg.): „Sprachliche Kompetenzen im Ländervergleich. Befunde des ersten Ländervergleichs zur Überprüfung der Bildungsstandards für den Mittleren Schulabschluss in den Fächern Deutsch, Englisch und Französisch". Verlag Waxmann, Münster, New York u. a. 2010. Mit diesem Test wurde erstmals zentral überprüft, auf welchem Niveau Neuntklässler die Bildungsstandards der Kultusministerkonferenz in Deutsch und Erster Fremdsprache erfüllen. Getestet wurden Lesekompetenz und Hörverständnis, in Deutsch auch Orthografie. Wenig erstaunlich: Die neuen Daten bestätigen das aus dem Pisa-Ländervergleich bekannte Leistungsgefälle von Süd nach Nord. Bayerische Neuntklässler stehen in allen Bereichen an der Spitze, Gleichaltrige in Bremens bilden das Schlusslicht. Wie Pisa lässt auch dieser Test keine Aussagen darüber zu, wie viele Schülerinnen und Schüler schließlich eine Hochschulreife erlangen. Neben dem Gymnasium gibt es inzwischen mehr als 50 Wege zum Erwerb einer Studierberechtigung. Die vertikale Durchlässigkeit des deutschen Bildungswesens kommt jedoch erst nach dem Mittleren Abschluss zum Tragen.
18 Ignatius von Loyola selbst hat dem Jesuitenorden diese Aufgabe zugewiesen, als er seinen Sekretär Polanco als einen der Vorteile der (kostenlosen) Jesuitenschulen vermerken ließ, dass gerade die „Armen, die wahrscheinlich weder Lehrer und noch viel weniger private Tutoren bezahlen können", an ihnen Fortschritte beim Lernen machen werden.
19 Josef Kraus, Bildung, S. 10: „Mit all dem aber stolpern unsere bildungspolitischen Schlaumeier in die stets gleichen Fallgruben: in die Egalitätsfalle, die Ideologie nämlich, dass alle Menschen gleich beziehungsweise gleich gültig seien; in die Machbarkeitsfalle, den Wahn, jeder könne zu allem begabt werden; in die Falle der Spaß-, Erleichterungs- und Gefälligkeitspädagogik; in die Quotenfalle, die planwirtschaftliche Vermessenheit nämlich, es müssten möglichst viele Menschen mit dem Abiturzeugnis ausgestattet werden."
20 Volker Ladenthin: „Zum Verhältnis von Familienbildung und Schulbildung". In: Volker Ladenthin, Jürgen Rekus (Hg.): „Die Ganztagsschule. Alltag, Reform, Geschichte, Theorie", Juventa Verlag, Weinheim 2004, S. 254.
21 Thüringen beispielsweise hat einen entsprechenden Passus in seine Landesverfassung aufgenommen (Art. 23, Abs. 3): „Eltern, andere Sorgeberechtigte,

Lehrer und Schüler wirken bei der Gestaltung des Schulwesens sowie des Lebens und der Arbeit in der Schule mit."

22 Hamburger Schulgesetz, März 2010, § 53 ff..

23 In einer Internatsschule ist es eine besondere Herausforderung, diese Regel durchzuhalten. Die enge Kooperation und umfängliche Information zwischen Familie und Internatserziehern ist unerlässlich; und die Trennung von Schule und Internat ist (gerade aus Sicht der Kinder und Jugendlichen) nicht immer ganz scharf. Aber analog gilt, dass es keinen einfachen Informationskurzschluss zwischen Schule und Internat geben darf. Internat ist nicht verlängerte Schule.

24 Der Bonner Kinder- und Jugendpsychiater Michael Winterhoff – er avancierte gleich mit seinem ersten Buch „Warum unsere Kinder Tyrannen werden. Oder: Die Abschaffung der Kindheit" (2008) zum Bestsellerautor – sieht ein gewaltiges Problem darin, dass immer mehr Erwachsene ihre Kinder als Partner sehen, dass sie von ihnen geliebt werden wollen und so das natürliche Machtgefälle aufgehoben ist.

25 In seinen Geistlichen Übungen fordert Ignatius von Loyola unter den Regeln zur „Unterscheidung der Geister": „Jeder gute Christ muss bereitwilliger sein, die Aussage des anderen zu retten als sie zu verurteilen; und wenn er sie nicht retten kann, erkundige er sich, wie jener sie versteht, und versteht jener sie schlecht, so verbessere er ihn mit Liebe" (GÜ 22).

26 Bernhard Bueb: „Lob der Disziplin. Eine Streitschrift", Ullstein TB ^{4}2009, S. 117f.

27 Der JIM-Studie (Jugend, Information, (Multi-)Media) 2009 des Medienpädagogischen Forschungsverbunds Südwest zufolge haben 25 Prozent der 12- bis 19-Jährigen bereits Erfahrungen mit Cybermobbing gemacht.

28 Bernhard Bueb, Lob der Disziplin, S. 109f.

29 Hannes Rakocy und Kollegen haben die Ergebnisse ihrer Studie vorab in „The British Journal of Developmental Psychology" (Februar 2010) vorgestellt: „Bigger knows better. Young children selectively learn rule games from adults rather than from peers."

30 Alfred Schirlbauer, Erziehungswissenschaftler an der Universität Wien, hat schon früh die „Neue Lernkultur" kritisiert, die vorgibt, dass in der Schule alle Lehrende und alle Lernende seien; etwa in seinem Aufsatz „Vom Verschwinden des Lehrers in der ‚Neuen Lernkultur'." In: Angelika Wenger-Hadwig (Hg.): „Der Lehrer – Prügelknabe oder Hoffnungsträger der Gesellschaft", Tyrolia Verlag, Innsbruck 1998, S. 54–69.

31 Mit der längst zur Redewendung gewordenen Formulierung „terribles simplificateurs", schreckliche Vereinfacher, beklagte der Schweizer Kulturhistoriker Jacob Burckhardt den kulturellen Niveauverlust des ausgehenden 19. Jahrhunderts.

32 Die Allensbach-Studie: „Aktuelle Fragen der Schulpolitik" (2010) bestätigt, was Schulpraktiker alltäglich erfahren: Auch Eltern von Schulkindern halten gerechte Noten für besonders wichtig; 53 Prozent (höchster Wert) sagen, dass sich die Lehrer ihrer eigenen Kinder um gerechte Noten bemühen – die Gesamtbevölkerung meint, dass dies nur 30 Prozent der Lehrer tun.

33   Peter Weirs Drehbuch zu dem Film „Dead Poets Society" („Der Club der toten Dichter") diente Nancy H. Kleinbaum als Grundlage für ihre gleichnamige sehr erfolgreiche Romanadaption, Lübbe ¹1990.
34   Die in den 1990er-Jahren gedrehte Familienserie „Unser Lehrer Dr. Specht" avancierte am Fachbereich Pädagogische Psychologie I der Universität Leipzig sogar zum Forschungsthema.
35   Bernhard Bueb: Lob der Disziplin, S. 85ff.
36   Allensbach-Studie: „Aktuelle Fragen der Schulpolitik" (2010).
Auf der Berufsprestige-Skala des Allensbacher Instituts, die alle paar Jahre anhand einer festen Liste von 17 Berufen abfragt, wer besondere Achtung genießt, sind bei der letzten Erhebung 2008 Grundschullehrer auf den vierten Platz vorgerückt (nach Ärzten, Pfarrern und Professoren), aber Studienräte kommen erst auf Platz zwölf – nur Journalisten, Offiziere, Gewerkschaftsführer, Politiker und Buchhändler haben ein schlechteres Image.
Alle negativen Vorurteile bediente die Journalistin Gerlinde Unverzagt mit ihrem unter dem Pseudonym Lotte Kühn veröffentlichten Titel: „Das Lehrerhasserbuch. Eine Mutter rechnet ab", Knaur Taschenbuchverlag 2006. Laut Verlagsankündigung zeigte die Autorin „unsere Lehrer, wie sie wirklich sind – unprofessionell, faul, ohne jede Ahnung von Kindern, hilflos, überfordert und total gestresst".
37   Berühmt ist Theodor W. Adornos Aufsatz „Tabus über dem Lehrberuf" von 1965, in dem er Probleme zur Diskussion stellt. „Meine Bemerkungen", schränkt er anfangs gleich ein, „taugen allenfalls dazu, einige Dimensionen der Abneigung gegen den Lehrberuf sichtbar zu machen, die für die allbekannte Nachwuchskrise eine nicht so manifeste, aber möglicherweise gerade deshalb erhebliche Rolle spielen." Der Vortrag ist unter anderem enthalten in: Gesammelte Schriften, Band 10.2: Kulturkritik und Gesellschaft, Suhrkamp Verlag, Frankfurt/Main 2003, S. 656–673.
38   Klaus Hurrelmann: „Autorität ist eine Kunst". In: „Der Tagesspiegel", 29.8.2008.
39   Zu fragen ist beispielsweise, ob ein Lehrer deshalb besonders kompetent und mit einem Gehaltszuschlag zu belohnen ist, weil er bei seinen Schülern besonders hohe Übertritts- und Abschlussquoten hat.
40   „VisAvis Economy", Themen-Exposé, Ausgabe 3/2010.
41   Die pme Familienservice GmbH, 1991 gegründet, versteht sich als Anbieterin „innovativer Dienstleistungen" zur Entlastung berufstätiger Menschen, unter anderem im Bereich Kinderbetreuung.
42   Dazu ausführlicher Klaus Mertes: „Verantwortung lernen. Schule im Geist der Exerzitien". Echter Verlag, Würzburg ²2009; Thomas Neulinger (Hg.): „Wissen – Gewissen – Gespür. Dokumente zur Ignatianischen Pädagogik". Verlagshaus Thaur, Thaur/Österreich 1998.

Literatur

Theodor W. Adorno: „Tabus über dem Lehrberuf" (1965). In: Gesammelte Schriften, Band 10.2, Suhrkamp Verlag, Frankfurt/M. 2003, S. 656–673
Bertelsmann-Stiftung: „Glück, Freude, Wohlbefinden – welche Rolle spielt das Lernen?", 2008
Bernhard Bueb: „Lob der Disziplin. Eine Streitschrift", Ullstein TB [4]2009
Deutsches Pisa-Konsortium (Hrsg.): „Pisa 2000. Basiskompetenzen von Schülerinnen und Schülern im internationalen Vergleich". Verlag Leske + Budrich, Opladen 2001
Ernst Fritz-Helpach: „Schulfach Glück". Herder Verlag, Freiburg 2008
Focus Schule online: „Gehst Du gerne zur Schule?", 8.7.2008
Roman Herzog: Ansprache bei der BDI-Jahrestagung, 18.6.1996
Klaus Hurrelmann: „Autorität ist eine Kunst". In: „Der Tagesspiegel", 29.8.2008
Institut für Demoskopie Allensbach: „Aktuelle Fragen der Schulpolitik und das Bild der Lehrer in Deutschland" , 31.3.2010
Institut für Demoskopie Allensbach: „Generationen-Barometer 09". Umfrage im Auftrag des Forums Familie stark machen, März 2010 (die Studie erscheint im November 2010 als Taschenbuch)
Horst Köhler: „Bildung für alle". Berliner Rede, 21.9.2006
Josef Kraus: „Ist die Bildung noch zu retten? Eine Streitschrift". Herbig Verlag, München 2009
Josef Kraus: „Spaßpädagogik. Sackgassen deutscher Schulpolitik". Universitas Verlag, München [2]2000
Jochen Krautz: „Ware Bildung. Schule und Universität unter dem Diktat der Ökonomie". Verlag Diederichs, München 2007
Volker Ladenthin: „Zum Verhältnis von Familienbildung und Schulbildung." In: Volker Ladenthin, Jürgen Rekus (Hrsg.): „Die Ganztagsschule. Alltag, Reform, Geschichte, Theorie". Juventa Verlag, Weinheim 2004
Medienpädagogischer Forschungsverbund Südwest: „JIM-Studie (Jugend, Information, (Multi-)Media", 2009
Klaus Mertes: „Verantwortung lernen. Schule im Geist der Exerzitien". Echter Verlag, Würzburg [2]2009
Thomas Neulinger (Hg.): „Wissen – Gewissen – Gespür. Dokumente zur Ignatianischen Pädagogik". Druck- und Verlagshaus Thaur, Thaur 1998
Fritz Reheis: „Bildung contra Turboschule. Ein Plädoyer". Herder Verlag, Freiburg 2010
Alfred Schirlbauer: „Vom Verschwinden des Lehrers in der ‚Neuen Lernkultur'." In: Angelika Wenger-Hadwig (Hg.): „Der Lehrer – Prügelknabe oder Hoffnungsträger der Gesellschaft?". Tyrolia Verlag, Innsbruck 1998
Michael Winterhoff: „Warum unsere Kinder Tyrannen werden. Oder: Die Abschaffung der Kindheit". Gütersloher Verlagsanstalt, Gütersloh 2008